Aneas

Aneas foilsithe
ag Southword Editions
inphrionta de chuid
IONAD LITRÍOCHTA an DEISCIRT
Frank O'Connor House
84 Douglas Street
Corcaigh
T12 X802

twitter handle:
@MunLitCentre

#southword

www.munsterlit.ie

ISBN 978-1-905002-76-4

Eagarthóir
Simon Ó Faoláin

Íomhá chlúdaigh: *Wild Nanny Goat* le Margo Banks

Tá IONAD LITRÍOCHTA an DEISCIRT buíoch den Chomhairle Ealaíon as tacaíocht airgeadais a chur ar fáil

Clár

EAGARFHOCAL

Fáilte romhat go céad eagrán *Aneas.* Tá súil agam go mbainfidh tú sult as a bhfaigheann tú ann. Ar an gcéad dul síos, is é atá san iris seo ná dearbhú go bhfuil scríbhneoireacht de chaighdeán ard fós ar fáil i saol beag litríocht na Gaeilge, agus gur fiú tús áite a thabhairt don litríocht sin. Ar an tarna dul síos, dearbhaíonn sí an creideamh go soláthraíonn an scríbhneoireacht Ghaeilge dearcadh atá éagsúil ó litríocht an Bhéarla nó litríocht eile ar bith, agus an éagsúlacht sin bunaithe go mór ar an bhfíric shimplí gur as Gaeilge atá sí. Ní móide gur ghá a chur ina luí ar éinne cé chomh tábhachtach is atá a leithéid d'éagsúlacht ar na saolta mar atá inniu, le pobalachas, aineolas agus tnúthán i ndiaidh an aonchineálachais go mór sa treis i ngach cearn. Níos mó ná riamh, tá sé ina ghníomh ceannairceach snámh i gcoinne easa agus tabhairt faoi smaointe agus mothúcháin a chur in iúl trí mheán mionteanga. Tá san go maith, ach ní leor é. Mar a luaigh mé thuas, tá ceist an ard-chaighdeána ann i gcónaí. Os rud é gurb í an iris nuabhunaithe seo an t-aon sampla dá sórt atá ann anois — iris atá tiomnaithe go hiomlán go litríocht na Gaeilge — ní mór di caighdeán ard a bhaint amach is a bhuanú gan aon sleamhnú chun cúil. Creidim go bhfuil tús maith déanta agus an leibhéal ard scríbhneoireachta sin léirithe sa chéad eagrán seo, idir fhilíocht, phrós agus léirmheastóireacht.

Don eagrán seo fuarthas an chuid is mó den ábhar trí chuireadh a chur amach go mórscríbhneoirí agus scríbhneoirí sean-bhunaithe go bhfuil a gcumas cruthaithe acu. Don tarna heagrán tá súil agam go mbeidh glaoch oscailte á dhéanamh, agus mé ag dréim go mbeidh guthanna nua ag teacht chun cinn diaidh ar ndiaidh, iad measctha isteach leis na seanfhondúirí. Ach tá spás teoranta agus rún againn an caighdeán ard a bhuanú. Tuigim go mbeidh sé de dhualgas míthaitneamhach orm diúltú do dhaoine, ach níl dul as. Tá súil agam go maithfear dom é.

Roghnaíodh teideal na hirise, *Aneas*, mar aitheantas gur forbairt í ar *An Ghaoth Aneas*, an forlíonadh Gaeilge san iris ar-líne *Southword*. Ach tabharfar faoi deara go bhfuil scríbhneoirí thuaidh, theas, thiar agus thoir ann, gan aon chlaonadh Muimhneach ach amháin, b'fhéidir, sa mhéid is go bhfuil níos mó filí aitheanta ó dheas — nó ón deisceart ó dhúchas — ag scríobh faoi láthair ná in áiteanna eile. Táim buíoch d'fhoireann Ionad Litríochta an Deiscirt a bhí ina phairtnéirí agam is sinn ag iarraidh an iris seo a chur ar a bonnaíocha. Léirigh Patrick Cotter fís agus dúthracht, agus é aitheanta aige as a stuaim féin go raibh gá lena leithéid d'iris sara labhramar faoi i gcéaduair. Ag plé cúrsaí, dheineamar beirt tagairt do *Innti*; an féinmheas agus an dínit a bhronn an iris sin ar litríocht na Gaeilge. N'fheadar an mbeidh an iris seo in ann an tionchar céanna a imirt — beidh le feiscint — , ach níl aon dabht ach gur céim sa treo ceart í.

Simon Ó Faoláin

Duinnín agus Liosta na Sceilge

Biddy Jenkinson

Tháinig fear an tí isteach ón gclós.

'Tá Neans chomh cas le gamhain,' ar seisean.

' "Bean nó muc, adeirtear," a Thomáis,' arsa a chéile, Lil, go comhbhách.

'Mhaithfinn do Neans, dá mba cleamhnas gan choinne é, le fear nach raibh aithne aici air, ach tá cleamhnas le Seán Dubh ar na bocáin ó thórramh a mhná i leith. Trua nár tháinig Neans in inbhe sular éirigh sí dána.'

'Ná habair os ard, a Thomáis, gur déanadh cleamhnas Neans ag tórramh Saillí. Tá daoine éirithe íogair sna cúrsaí seo. Is maith leo bheith go maith as, ach ní maith leo eagrú chuige.'

'Ní raibh ann, ag an am ach, "Cuirim i gcás...". Bheadh Saillí féin ar son rudaí a bheith faoi réir. "Cuir snadhm nó caillfidh tú dhá ghreim", adeireadh sí. Pé scéal é, déanadh cleamhnas agus tá náire orm nár comhlíonadh é an Inid bheag seo.'

'Dúirt an tAthair Dempsey nach cóir iomarca brú a chur ar Neans, ligint léi go Cáisc agus go dtiocfadh sí go réidh.'

'Seán Dubh ar Liosta na Sceilge ag gaigí sráide agus iad ag fonóid faoi, mar gur éirigh Neans s'againne ciotrúnta.'

'Nach forasta an fear é nár bhris sé an cleamhnas!'

'Beidh a mhalairt de phort ag na bligeáird Luan Cásca nuair a bheidh bainis Sheáin agus Neans ar an gcéad phósadh i ndiaidh an Charghais.'

'Má leanann sí séantach, a Thomáis?'

'Nár labhair an tAthair Dempsey léi? Nár luaigh sé a dualgas i leith na clainne, an chomaoin a chuir mise agus tusa uirthi sa rogha a dheineamar di. Mhol sé Seán, Caitiliceach dílis agus feirmeoir láidir. Tháinig deora léi go fras, adúirt sé.'

'Ach níor bhog sí?'

'Níor bhog. Mhol an tAthair Dempsey do Sheán Dubh bheith foighneach, go meileann muilte Dé mall, ach go meileann siad mín.'

'Bhí a fhios aici le dhá bhliain go bpósfaí ar Sheán í, in am trátha. Bhí 'fhios aici go mbeadh saol na bhfuíoll aici, codladh i gclúmh lachan, suan go headartha, sóláistí, féiríní. Níor iarr sí ach go mbeadh an t-asal beag dubh, a shantaigh sí riamh, aici di féin. Ar an aifreann, níor theip orm riamh a h-aird a dhíriú ar Sheán, é gléasta ina dhuine uasal ceart - agus a rá léi nach fada go mbeadh sí, ina galántacht, ag siúl taobh leis.'

Shuigh Tomás ina chathaoir-ceann-an-teaghlaigh agus leis an tlú leath sé brat luaithrigh thar leac an tinteáin. 'Féach!' ar seisean, 'Féach anois an tigh seo, agus an talamh a ghabhann leis.

'Agus sin an sean-tigh agus an dá pháirc a thugas liom mar spré.'

'Seo, lena ais, fearann mhuintir Mhic Chárthaigh. Nuair a phósfaidh Neans s'againne Seán Dubh, pósfaidh Liam s'againne Bess Nic Cárthaigh. An talamh ar fad idir Thobar Neannta anseo agus Ceann Carraige ansiúd, beidh sé againn.'

'Agus an óinseach s'againne ag rá, tráth na féile Bríde, go raibh téarma aithreachais uaithi. Téarma aithreachais! Amhail is dá mba mhadra caorach nó bó aonaigh é Seán Dubh!'

'Agus seachtain ó shoin, í ag rá linn nach bpósfadh sí Seán Dubh in aon chor.'
D'fhan Tomás cois tine ag breacadh léarscáileanna sa luaithreach. Chuaigh Lil ag útamáil oibre lasmuigh.

'Ar ith sí a cuid?' arsa a céile, nuair d'fhill sí.

'Níor ith.'

'Ar léirigh sí aithreachas ar bith.'

'Chuala mé ag canadh í, nuair 'mheas sí mé bheith imithe:'

> *"Ní phósfainn féin Seán Dubh Ó Néill,*
> *Seán Dubh Ó Néill, Seán Dubh Ó Néill,*
> *Ní phósfainn féin Seán Dubh Ó Néill,*
> *'S is cuma cad deir mo mháthair."*

'Bhí a haghaidh druidte suas leis an bhfuinneoigín.'

'Chuir tú ó chrích í le peataireacht, a Lil.'

'B'fhéidir, a Thomáis, gur mian léi dul sna *nuns*, nó go bhfuil uabhar maighdine uirthi, b'fhéidir. Ní gach gamhain a fháiltíonn roimh an dtarbh an chéad uair.'

'Do bhuail an tAinspioraid buille dá eireaball uirthi!'

'Tabharfaidh Seán suas di i ngeall ar na *capers* seo.'

'Tuigeann Seán Dubh an léarscáil sa luaithreach. Lena chois sin, tá Neans sciamhach.'

'Ach b'fhéidir go mb'fhearr le fear atá ag dul anonn sna blianta spré ina ghlaic aige, agus a bheith pósta ar fhastúch mná, le másaí leathana, a scaoilfeadh amach leanaí mar a bheireann cearca uibheacha.'

'Bhfuil stróinséar ar bith san áit a mbeadh cluain curtha aige ar Neans?'

'Ní bean mé a chaitheann leath na maidine le giob geab in oifig an phoist, mar is eol duit, ach raghaidh mé ann agus beidh comhrá agam le Babs a' phoist, faoi dhiscréid.'

Chuaigh Lil thar an sean-tigh, mar a gcoimeádtaí bairillí coirce dos na cearca. Scaoil sí an bolta a bhí ar an doras.

'Neans, táim ag dul chun na sráide, ar mhaith leat teacht liom?'

'Níor mhaith a mháthair. Táim go breá anseo.'

'Ansin a bheidh tú go mbeidh breith ar d'aithrí agat.'

'Och, a Mhaim, ní thuigeann tú faic.'

'Och, a iníon, tusa nach dtuigeann. Ní raibh ocras ort riamh. Ní raibh tú riamh gan díon os do chionn. Dá bhfillfeadh an Gorta, níor dhídean go maoin. Tá Seáinín pas beag ramhar agus pas beag críonna, ach ní hé is measa.'

'Beannaítear uaim é, a Mhaimín!'

'Tá siad ag rá go mbíonn spailpín éigin ó Dhruim Gabhar ag rá amhráin, ar aonach is ar mhargadh, i dtaobh Neans s'agatsa', arsa Babs a' phoist le Lil agus iad sa *snug* faoistine ar chúl an tsiopa.

'"Neainsí shéimh an chúilín órdha", a thugann sé uirthi.'

'Spailpín é, deir tú?'

'Spailpín, ach spailpín léannta. Tá Laidin is Gréigis ar a thoil aige. Chaith sé seal ina mhonatóir i scoil Ghleann Oisín. Tugtar Muirtí Rua air, ach níor chuala mé cér dhíbh é. Ní dhócha gur mór an sás a mhuintir. Bhí sé ar an aonach anseo. Cheannaigh sé féirín do Neans. Tagann sé i leith ar an aifreann o shoin, le súil go bhfeicfidh sé í, is dócha. Beidh cáil ar Neans i ngeall ar na h-amhráin, a Lil. Ghreamaigh bhéarsa, a bhí á chasadh anseo, im' cheann:

"Níl uaim mar spré, le Neans mo stór,
ach na carraigreacha géara
ar thaobh na gCaluíoch Mór,
an Geadach, 's an Laoi,
chun an méid sin bainne d'ól
's an Tarbh dá n-aoracht
is ag géimneach amach faoin gceo."

'Fear farraige é, b'fhéidir. Deirtear gurb é Eoghain Rua ina bheatha é.'

'Eoghain Rua!' chaoin Lil, binn dá seailín ina béal lena racht a cheilt, agus í ag brostú abhaile, cróíbhriste.

'Mura bhfuil ann ach file fáin, ní call dúinn bheith buartha', arsa Tomás. 'Ubh chirce ag iarraidh na h-uibhe gé é. Nuair a thuigfidh sé nach mbeadh pingin spré aici, imeoidh sé leis.'

'Céadaoin an Luaithrigh chughainn. Ar ndóigh beimíd uilig ag troscadh le linn an Charghais!' arsa Mrs. Brown, bean tí 'The Dunes', bungaló a bhí aici i bPort Mearnóg, i dtuaisceart Átha Cliath, agus a raibh triúr lóisteoir aici ann, an tAthair Pádraig Ó Duinnín orthu.

'Faraor!' arsa an lóisteoir sinsearach. 'Tá sé i scríbhinn ó mo dhochtúir agam gur cóir dom ithe go mall, go mion is go minic; othras, a' dtuigeann sibh?'

'Gheall mise do Mheaig - ar dheis Dé go raibh a hanam – nach gcuirfinn mo shláinte i mbaol.'

'Déanfaidh an tAthair Pádraig troscadh, arsa bean a' tí agus í ag déanamh deimhin de.

'Laghdófar, dá réir, ar mo bhille?'

Buaileadh cnag ar dhoras an tí. D'imigh sí á fhreagairt.

'Flúirsín is ainm di!' arsa an Duinníneach. Thapaigh sé an deis cúrsa an bhoird a dheanamh leis an taephota agus an pota a athlíonadh.

'Cuairteoir agat a Athair Pádraig,' arsa bean a' tí. 'Sheolas isteach sa pharlús é.'

Shlog an tAthair Pádraig an tae siar go tapaidh mar dhíonadh ar fhuacht an pharlúis.

Fear óg, ard, luafar, rua a bhí roimis, fear a rinne cocstí de respectabáltacht fhuar an pharlúis, a raibh bláthanna páipéir sa tinteán, agus *aspidistra* leath-mharbh sa bhfuinneog.

'A Athair Pádraig! Muirtí Ó Súilleabháin is ainm dom,' ar seisean, agus d'fháisc lámh an Duinnínigh, a mbíodh crampa scríbhneora ann i gcónaí.

'Is daingean do ghreim a phortáinín beannaithe!'

'Deasca na maidí rámha,' arsa Muirtí. 'Ach, ní haon leidhcín do lámh-sa ach oiread, a Athair. Ar fhear báid thú seal ded' shaol?'

'Sluasad agus rámhainn a mhalartaíos ar Laidin, Mata agus Dia.'

'Ar dhein tú turas naomhóige riamh?'

'Ní bhfuaireas riamh faill air.'

'Anois nó riamh! Bhuaigh mé féin, lem dhearthair Joe agus m'uncail Séimí, rás na naomhóg i nDairbhre!'

'D'aithníos, ar do ghlór, gur Ciarraíoch thú,' arsa Ó Duinnín, iarracht den eolchaire ar a ghuth.

'Tháinig mé ar an dtraein ó Chill Áirne inniu chun cúnamh a iarraidh ort. Is tú an t-aon fhear in Éirinn a réiteoidh ár gcás.'

'Cén chás atá ort, a Mhuirtí glac-chumasach síol Eoghain?'

'Táim féin agus Neans doirte i ngrá le chéile agus tá sí le Seán Dubh ó Ghleann Trasna a phósadh, Luan Cásca, murach miorúilt nó gníomh gaisce.'

'Ní pósadh go toil bheirte, a Mhuirtí.'

'Is fíor, a Athair, ach tá siad ag gabháil bog agus cruaidh le fada ar Neans, a rá go bhfuil eineach agus leas na muintire ag brath uirthi, gurb é toil Dé é go mbeadh sí umhal dá tuistí. Is geall le priosúnach í. Tá croí bog aici agus tá baol ann go ndéanfaidh sí íobairt di féin, agus díomsa, mar go bhfuil curtha ina luí uirthi gurb é an ceart é. Tá faoiseamh éigin aici anois mar nach bpóstar le linn an Charghais, dar ndóigh, ach táthar ag dul ar aghaidh leis na socruithe. Deir a hathair nach cóir aird a thabhairt ar bhaois bhan, gur mó cailín a chuireann suas stailc ach a bheadh díomách mura gcuirfí srian léi.'

'Bhfuil tú féin gan mhaoin?'

'Tá tigh agus gort agus féar dhá bhó agam, páirt fir i mbád saighne *The Roving Swan*. Is í atá faoileanda. Táim leath i bpáirt le Joe i naomhóg: gliomaigh, gúgaithe sa bhiaiste, éisc mar 'éiríonn. Chaitheas seal im mhonatóir scoile, ach níor bhunaíos scoil go fóill. Níl airgead tirim agam, mar a bheadh ag Seán Dubh, ach táim os cionn mo bhuille.'

'Ola lem chroí caint Chiarraí, ach cad ab áil leat mise a dhéanamh?'

'Mé féin agus Neans a phósadh ar a chéile.'

Ba dhóbair don Duinníneach Mrs. Brown a tharraingt orthu leis an scairt iontais a lig sé as.

'Labhair mé leis an Athair Cathal i gCill Áirne, é siúd a mhúin Laidin dom.'

'Tá aithne agam air.'

'Tá sé faoi bhois an chait ag an easpag. Ní féidir leis féin ár bpósadh a cheiliúradh, ach déanfaidh sé cúram den bpáipéarachas. Ón uair nach bhfuil tusa cláraithe faoi easpag ar bith, a Athair Pádraig, creideann sé go bhféadfá an jab a dhéanamh, gur ded' dheoin féin a staonann tú ó chleachtadh sagartóireachta.'

'Nach saoráideach a thagann na focail chuige! Lean ort.'

'Tá áit amháin in Éirinn gur féidir linn bac an Charghais a sheachaint, agus pósadh roimh Cháisc: an Sceilg. Tá sagart amháin a dhéanfadh pósadh ceart cille agus cléire de: tú féin a Athair Pádraig.'

'Bhí an Duinníneach ina sheasamh, a dhroim le tinteán fuar, amhail is dá mbeadh sé á ghoradh féin. Thit sé as a sheasamh agus d'fhan sé, mar ar thuirling sé, i gcathaoir bhog mhí-chumtha, a raibh froigisí bándearga go fras uirthi.

'Níl tú i ndáiríre!'

'Tar go Cill Áirne liom ar an dtraein, maidin amáireach. Tá cuireadh agat ón Athair Cathal fanacht i dtigh na sagart thar oíche. Tabharfaidh col seisear liom, atá i mbun *jalopies* an stáisiúin, siab go dtí an Caladh don mbeirt againn an lá dar gcionn. Fanfam oíche lena mhuintir siúd. Le breacadh an lae, maidin Shathairn, raghfam sa naomhóg – mise, tusa,

Neans; mo dhearbháir agus m'uncail – chun na Sceilge…'

'Fan! a thiarcais! fan a bhuachaill! Ní áit le pósadh an Sceilg. An phleidhcíocht sin maidir le 'Skellig List', ní raibh ann riamh ach deis briseadh amach ag bligeáirdí Chorcaí ach go hairithe - cé nach foláir a admháil nár staon na Ciarraígh ón mbligeárdaíocht ar fad…'

'Fíor dhuit a Athair, ach tá bunús leis an dtuairim gur féidir pósadh ar an Sceilg, nuair nach féidir pósadh in Éirinn. Níor tháinig féilire Ghréagóra i bhfeidhm ar an Sceilg riamh. Féilire ceartchreidmheach – féilire Eaglais na Gréige – a bhí ag na manaigh. Ní bheidh, dá réir sin, tús leis an gCarghas go dtí an séiú lá fichid de mhí Feabhra i mbliana.'

'Tá cúraimí orm anseo. Ná hiarr! Ná habair! D'éireodh cnámha na manach amach ina choinne. An rud nach féidir, ní féidir é.'

Mar sin féin, chuaigh Muirtí agus an Duinníneach ar an traein go Cill Áirne an lá dar gcionn.

'Thuigeas uait inné, a Mhuirtí,' arsa an Duinníneach agus dornán slipeanna á tharraingt as a phóca aige - mar dhia is go ndéanfadh sé obair orthu - 'thuigeas go raibh do ghrá geal fá choinneáil ag a tuistí. Conas mar ar éirigh leat teagmháil a dhéanamh léi, seifteáil a dhéanamh?'

'Tá Neans faoi ghlas i sean-tigh a Mamó. Tá gach cúram á dhéanamh di, ach níl cead amach aici gan a máthair ina teannta. Dála tithe eile ón ré sin, tá simné breá leathan sa sean-tigh. Tom aitinn a gcuirtí suas-síos ann len é a ghlanadh. Téim in airde ar an ndíon agus síos liom go teallach. Seasaim féin agus Neans ar leac an tinteáin agus na spéartha os ár gcionn. Ní thiocfaidh sí amach ar Bhealach na Bó Finne liom, mar go mbíonn sí umhal dá tuistí, a fhaid agus is féidir. Aramhú amáireach, roimh bhreacadh an lae raghad ina leith agus tiocfaidh sí aníos trín simné chugham. Is geall le mionnán aille í, a Athair. Tiocfaidh sí go Caladh liom. Beidh an naomhóg romhainn, bia agus deoch inti, fáinne mo mhamó a bheidh ag Neans, agus seál ó mo mháthair. Déanfaidh Joe agus m'uncail Séimí iomramh im' theannta agus beidh siad againn ina bhfínnéithe bainise. Tá dea-thuar ar an aimsir.'

'Fear maith iomramha d'uncail?'

'Rámhaí den scoth agus réalt eolais na Scealg. Théadh sé go Sceilg na nÉan ar thóir gúgaithe - gainéid óga - lena sheanathair agus é ina gharsún. D'ití iad le linn an Charghais, ón uair nár itheadar faic ach éisc agus go raibh blas agus boladh éisc orthu. Bhídís chomh trom le gé agus chomh ramhar le rón. Ghlac m'uncail Séimí páirt – agus é ina lead óg – i gcath idir bhád thiarna talún na Scealg, go raibh daréag fear ann, agus bád Dhún Chaoin go raibh ochtar inti - cuid acu ón mBlascaod. Bhí ceart de shinsearacht acu na héin agus na h-uibheacha a ithe agus cér chás leo tiarna talún? Chuaigh na hógánaigh scóipiúla - m'uncail Séimí ina measc - in airde ar ailltreacha Sceilg na nÉan agus chromadar ar na gainéid a chaitheamh síos isteach sa bhád chuig na mná, a chuir caoi orthu. Tháinig lucht an tiarna talún aniar aduaidh orthu. D'éirigh eatarthu. Buaigh bád Dhún Chaoin an cath.

Déanadh socrú sásúil ina dhiaidh sin. D'fhostaigh an tiarna talún fear ó Dhairbhre mar fharaire. Ligeadh sé dá ghaolta na gúgaithe a thabhairt leo ach chuireadh sé bac ar gach éinne eile. Dar ndóigh tá gaol gairid ag gach Ciarraíoch le gach Ciarraíoch eile, mura gcuireann tú san áireamh *blow-ins* a tháinig i ndiaidh do Chlann Mhíle a theacht i dtír. Níl tóir ar na gainéid anois mar a mbíodh le linn an drochshaoil, ach tá blas fós ag seandaoine orthu, iad beirithe le tor cabáiste. Is maith le Francaigh iad leis. Fuaireadar blas orthu agus iad sáinnithe i mBá Bheanntraí: *"Suprême de Fou de Bassan au Beurre Noisette"*.'

Stop an traein i Mala. Bhog daoine amach agus tháinig breis ar bord. Tháinig éirí croí ar an Duinníneach. Ní fada go mbeadh a scámhóga á líonadh aige le haer cumhra, milis, sainiúil Chiarraí.

Mhaith sé dó féin an turas buile seo a thabhairt air féin.

"Maidin bhog álainn i mBá na Scealg…"
Níorbh fhéidir leis an Duinníneach amhrán Thomáis Rua a chur as a cheann. Ba gheall le hortha é agus n'fheadar sé ar lena leas, nó lena aimhleas, an ortha:
"'Maidin bhog álainn i mBá na Scealg…
"Maidin bhog álainn…"
"Ag dul ag triail chun Aifrinn ghrámhar Dé…"
Ag dul ag triail chun bainise Muirtí 's Neains…
"D'éirigh an tsuaill ró-mhór sa bhfarraige…"
Maidin bhog álainn! Maidin bhog álainn…
"Le fuadar fearthainne d'ardaigh gaoth…"
Ní ardóidh! Ná gaoth!
Labhair sé le Neans a bhí in aice leis ar an trasnán.
'Ná bí imníoch, a mhaoineach. Tá dea-thuar ar an aimsir.'
'Tá, a Athair.'
"Spéirbhean" a thug Muirtí uirthi, ach chonaic an Duinníneach spideoigín mar a bheadh éinín beag donn ar bith i scata mionéan.
'Tá cáil ar Mhuirtí, ar Joe agus ar Shéimí mar fhir iomartha, a Neans?'
'Tá, a Athair.'
"Carraig Lomáin mar chráin ag screadadh romhainn, ar tí sin d'alpadh…"
Dhorchaigh an spéir i dtreo na Sceilge. Déanadh ólaithe des na tonnta, dath dubh-ghlas glónraithe orthu agus iad ag nochtadh fiacla bána.
'Tá scríb air!'
'Tá, a Athair.'

'Deir Muirtí liom gur amhránaí thú. Croch suas amhrán! Ní chloisfidh éinne é seachas mé féin.'

'Báidín Fheidhlimí, a Athair?'

'Go sábhála Dia sinn! An ceann sin a chum Muiris Mhic Dháibhí Dhuibh Mhic Ghearailt agus é ag dul chun na Spáinne le Don Pilib Ó Súilleabháin Béara. Bhfuil san agat?'

"Beannaigh an long-sa, a Chríost Cháidh
an tSíon, an tonn-sa, 's an tír,
Bíd t'aingil na gcléith dár gcóir
is róinn mar sgéith daingean dín..."

Níor mhúch gaoth ná sáile a glór, a dhein marcaíocht orthu amhail is dá mba sámhadh ceoil iad.

"Síthigh garbhshín goimh dá ghlór,
Mínigh gach moir ainmhín ghuar
Fraoch an earraigh cur ar gcúl
dún go dul tar ceannaibh cuan..."

An Sceilg, an ghlascharraig ar bhaist na Normannaigh 'Sceilg Mhichíl' uirthi, rompu. Cheana, bhí aontaithe ag na h-iomróirí gurbh é Cuas an Daill an áit ba dhóichí go bhféadfaí dul i dtír.

"'Le fuadar fearthainne d'ardaigh gaoth...' Ach stoirm í seo, a Neans!'

'Á, ní stoirm, a Athair. Níl ann ach tonnta a tháinig, gan bac, ón ndomhan thiar agus go bhfuil giodam iontu dá réir.'

D'fhéach an Duinníneach ar na tonnta ar ruithne, ag réabadh isteach i gCuas an Daill, ag pléascadh agus ag cur cúir go spéir agus aeir bháin go grinneall.

'Beidh orainn deis a thabhairt di socrú síos beagáinín.' arsa Séimí. 'Níl ann ach rabharta rua na hInide - cruthú nár shroich an Carghas an Sceilg go fóill.'

"Do mhachnaigh an criú 'gus is umhal do chasadar, ag déanamh an chuain anuas chun Dairbhre," arsa Ó Duinnín, agus é sásta go raibh réamh-shampla ann. D'fhéach Neans air. Thuig sé go raibh a bhotún déanta aige, narbh fhéidir le Neans filleadh abhaile gan a bheith pósta. Thugadar an bád timpeall gur aimsigh siad áit a raibh fothain éigin le fáil ann ón Sceilg bheag. Bí an cuma ar na hiomróirí go bhfanfaidis ar na maidí go bás, murar ghéill an fharraige. Thuig an Duinníneach gur faoi siúd an tsnaidhm a rabhadar ann a scaoileadh, nó go gcaillfí é den anró, mar a chailleadh Eitgall, ab na Sceilge a cheangail na Lochlannaigh le sceir fharraige.

'Nach breá, a Athair, bheith ag áinliú anseo ar an tsuaill ar nós seabhaic? arsa Muirtí.

'Ba bhreá, mura mbeadh cúram orainn,' arsa an Duinníneach go grod, ag múchadh múisce.

Is ansin a tháinig an splanc chuige.

'A Mhuirtí,' ar seisean, 'Níorbh fhéidir nár shealbhaigh na manaigh Sceilg na nÉan. Áit í atá níos dúshlánaí fós ná an Sceilg, dóibh siúd a bhí ag iarraidh dreapadh chun Dé. Níorbh fhéidir leo gan í a shealbhú in ainm Chríost; fanacht ann, ar mhithidí Dhé, faoi *confetti* cac éan, go mbáifí iad i ngrásta an Spioraid Naomh. Ón dtaobh saolta de, mhaireadar ar uibheacha éan agus gearrcaigh éan. B'í Sceilg na nÉan an seomra stórais acu. Anuas air sin, cuimhnigh go n-áirítí mar chuid de pharóiste ar bith gach áit go bhféadfaí clog a sháipéil a chlos ann. Bheadh an féilire céanna ar an dá Sceilg. Bheadh pósadh ar Sceilg na nÉan chomh dlisteanach céanna le bainis ar an Sceilg.'

'Ailliliú! arsa Séimí, 'Tá laftán beag cothrom ansin thall mar a bhfeiceann tú dhá rón. Ní nochtann sé, ach fágtar faoi bheagán uisce é ag an lagtrá. Is féidir an bád a tharraingt isteach air agus dreapadh in airde.'

D'imigh na róin i bhfarraige ar a dteacht, ach d'fhan siad ag faire orthu.

'Bainíg bhúr mbróga!' arsa Séimí.

Bhain an Duinníneach a stocaí chomh maith, agus cheangail thart ar a mhuinéal iad, go mbeidis tirim don turas abhaile.

Is ar Sceilg na nÉan, mar sin, a phós Muirtí agus Neans; iad féin, an Duinníneach, Joe agus Séimí agus an naomhóg teanntaithe isteach i scailp aille a raibh teangacha sáile á lí agus an "gabhaim" á rá acu.

D'fhéach Séimí go sanntach ar na gainéid, na crosáin, na cac-fhaoileáin a chruinnigh os a gcionn agus a roinn a gcuid go fial orthu. Ach ghéill sé do dhínit na hócáide agus d'fhág sé ina dhiaidh iad. Cuireadh Neans agus an Duinníneach sa naomhóg agus de bhrú, de léim, agus de grásta Dé, chuir siad chun farraige.

'Tá slua ar an gCaladh,' arsa Muirtí.

D'fhair siad, go hamhrasach, agus iad ag teacht i dtreo na tíre.

'Mo mháthair!' arsa Muirtí. 'Mo mhuintir,' arsa Neans, 'agus Seán Dubh ó Ghleann Trasna.'

'Cé hí an bhean sin atá taobh leis, a Neans?'

'Bess Nic Cárthaigh.'

Ba léir go raibh sceitimíní éigin ar na daoine ar an gcaladh, ach ba dheacair a thomhais an fáilte nó a mhalairt a bheadh rompu.

'D'fhágas litir dom mháthair,' arsa Neans i gcluais an Athair Pádraig. 'Ní fhéadfainn í a fhágáint in amhras. Lena chois sin thuigeas – dá mbeadh fógra beag ag Seán Dubh – go ndéanfadh sé cleamhnas le Bess sara mbeadh air a admháil gur theith mise uaidh. Ach ná habair faic!'

Cuireadh fáilte le gliondar agus le hiontas roimh an lánúin nuaphósta. Dhein an tAthair Cathal aitheasc beag, ar ionad, ag moladh an phósadh mar institiúd ró-naofa, agus díograis na beirte chun na sacraiminte. D'fhógair sé dispeansáid ar leith ag ceadú fleá agus féasta a bheith ann ainneoin an Charghais, mar chomóradh ar bhainis Neains agus Muirtí agus mar cheiliúradh ar chleamhnas eile a fhógraíodh níos túisce an lá sin: Seán Dubh le Bess Nic Cárthaigh.

Má bhí milleán ar bith ar éinne, ba ar an Athair Pádraig é.

'Cad ina thaobh narbh fhéidir leis iad a phósadh sa séipéal i rith na h-Inide, mar a dhéanfadh gnáthshagart?'

Cé a mharaigh Emma Mhic Mhathúna?

Louis de Paor

Le meamraim
is le meastacháin,
le cinní crua
is sumaí móra,
le dea-gheallúint
is droch-chomhlíonadh
is feitheamh fada
ar chosa fuara,
cé a mharaigh
an óigbhean ón?

Deacair a rá,
arsa'n coiste dála.
Róluath go fóill
ars'an saineolaí leighis.
Ná hadmhaigh tada,
arsa'n dlíodóir stáit.

Cé a thug aire di
le linn a páise,
le comhdháil
is le comhbháidh,
le comhcheilg
is comhbhrón?

Mise, arsa an tAire,
ar chinnlínte
maidine
is ar nuachtáin
tráthnóna.
Mise a thug aire di
in am
a céasta.
Ná habair
nár dheineas

is ná dearmadtar
mise.

Cé a chaoin í
gan scáth
gan náire,
is an fhirmimint
ag sceitheadh
a hurú
maidin gheimhridh
in Iarthar Duibhneach?

Mise
arsa'n Taoiseach,
a thionlacain
chun na reilige í
ainneoin
gach ualaigh
a luigh
ar mo ghualainn.
Bhíos ann
im aigne
lem chuid féin
de bhrón
mo dhaoine
a iompar.
Ná habair
ná rabhas
is ná dearmadtar
mise.

Cé d'íoc
deachú
an dearmaid,
in ainm
na sláinte
in ainm na dtáinte,
na pianta
in áit na mianta

is na blianta
a baineadh di?

Mise, ar sise,
mise
is mo chlann mhac
a d'íoc
as fearg aon lae
an té a dúirt
is an té
a chuala
an té a léigh
is an té
a scríobh
gach focal
a chuaigh le gaoth
le trua
is le truamhéil

le straidhn bhuile
gach éinne
gur leor leis is léi
alltacht shibhialta
is uafás srianta
mar chúiteamh
is mar éiric
ar bhás mná.

Ná dearmadtar sin
ós gearr
go ndearmadfaidh tú
mise
Éire.

SEASAMH NA MNÁ GALÁNTA
Ciara Ní É

Tar éis tamaill de chomhrá le bean bhreá
atá ag moladh mo chuidse filíochta
ag seoladh irise, deirim léi
go scríobhaim i nGaeilge chomh maith

Feicim scamaill ina súile
agus is cuma faoina freagra cáiréiseach
cloisim a tuairim go glé, dar léi
go bhfuil mé os cionn a leithéid

Níos déanaí
nuair a shánn a fear céile a lámh thais i mo bhos
is ligeann uaidh gnúsacht mar bheannacht
déanaim lán mo shúl a bhaint as
agus cuimhním gur minic don ghrá a bheith dall.

Laoi
Colm Ó Ceallacháin

Amharc ó fhuinneog ospidéil,
ní mian liom ar lúba na Laoi.
Í ag meabhrú dom i gcogar a caisí
go gcuirfear cor in aghaidh an chaim.

Mé ag léamh ar dhíothú Aodha Rinn,
laoi fiannaíochta i m'ucht,
is ar oidhe Chonáin d'fheall Fhinn,
is ar éad Mhic Cumhaill. Tú i do thost.

Ach fós fairim oíche fhada
do thoirchim suain ó bhun do leapa.
Fada uait eachtraí fill is éada
ar thralaí an tseomra éigeandála.

Agus cuimhne na hoíche fágtha agat
ar chiumhais bhóthair i bhfad soir,
anois a thuigim brí an natha
is an cam curtha in aghaidh an choir.

Radharc an Iolair
Áine Uí Fhoghlú

Thug cuid acu thimpeall anso
leathmhilliún ar leathacra
talún. *"An radharc!"* a dúirt
an gníomhaire, *"ní bheidh
a leithéid age éinne."*

Ach tá iolar
os cionn pháirc na faille
ag faire, is nach aige siúd
atá an radharc
is fearr sa pharóiste

ar pháirceanna mar a
mbíodh gráigbhaile,
sé theaghlach in aon lá
amháin díbeartha ar an
mbád bán, ná maireann
fiú a shliocht inniu

ar dhíonta snasta na dtithe nua
buailte isteach ar a chéile
chomh teann le doirne dúnta,
a gcuid geataí uathoibreacha
fé ghlas ar eagla
go ngoidfeadh éinne
uathu a gcuid uaignis

ar dhaoine go fuadrach
i mbun a gcúram cloíteach
is faoin am a thagann luach
a gcuid saothair
bíonn an cluiche caillte
mar nár thugadar fé ndeara
an saol ag sleamhnú
go slítheánta thorstu

ar thaobh a' tslé'
mar a bhfuil clós na gcnámh
inar caitheadh creach na dtiarnaí
gan trua ina gcarnáin

ar fheirmeoir fánach
a nimhíonn talamh
toisc nach mór do gach
rud a bheith marbh
roimh shíolchur

ar thrí thráiléirín i gcuan
aduain a bhíodh tráth
ar fiuchadh
le hiasc

ar ghlúin úrnua ná haithníonn
fiú madra a gcomharsan
is ná labhrann;
    ach amháin nuair is gá a rá
    go bhfuil an áit seo millte
    le stróinséirí seanfhaiseanta
    is ná tuigeann siad
    a gcuid seanachainte.

Cruinnigh do chuid nirt is
buail anuas de ruathar
a iolair, as do sheasamh
draíochta ar an aer
as do radharc luachmhar
ón spéir
ach seachain

is bí beacht

le heagla
gur coinín galrach
do chreach.

Ransú
Ailbhe Ní Ghearbhuigh

Im shuí
go déanach
ag scamhadh
is ag scamhadh
ag iarraidh an lóich a ruaigeadh,
an cac cait a scalladh
is an b'ladh dreoite a dhíbirt,
tá gréisc le scríobadh den bpíobán,
spruadar chuas na gcéislíní
tá fúm a bhaint le speal…

Táim ag ransú na háite dorcha seo le ráithe
féachaint an dtiocfaidh sruth le dealramh
ón bhfoinse an athuair.

An Woar
Ceaití Ní Bheildiúin

Carnán fairsing feamnaí, cúpla
troigh dhomhain, triomaithe ar an dtráigh.
Siúlaim air, é beospriongach; tocht
do bhanphrionsa nó d'fhathach.
Laminaria fite fuaite ina mhogall,

clúmhfheamnach na gcarraigeacha tríd,
burláilte fé fhalla ar thrá na Sceirí.
Théadh m'athair i dteannta Uncail Tom
d'fhonn ualach de mhúr a tharraingt
ó thráigh Ros Eo.

*We're goin' down to draw a load
o' woar*, a deireadh sé. 'Sé seo an *woar*
a chothaíodh goirt is prátaí, caite isteach
ar thaoide rabhartach, é gréasaithe inniu
ag stocaí, liathróidí pléasctha, téada,

pacaí, buidéil phlaisteacha, *flip-flap*.
Tá leathbhuatais ann, píosa píobáin,
t-léine; cupaí, málaí, tuáillí.
An fharraige fhuar gheimhriúil
ina leamhach, racht seachtaine

curtha uaithi, a glór imithe fothoinn
chun glaoch ar a huiscí uile
teacht ina ndáil go dtosnóidís ar
a ndomhaincheistiú arís.
Taithí ag an sáile ar ghloine

a bhriseadh, a mheilt is a chreimeadh
idir chlocha is i gcoinne carraigeacha.
Cuimlítear í sa ghaineamh
go bailchríoch sara scaiptear í
ar an dtráigh ina seoda.

Ní seoda iad atá gafa sa chriathar *woar*,
beartaíocht na mara chun
ár ndramhearraí, ár ndearmad,
ár mór is fiú, a scagadh as a huiscí.
A deora i mo shúile fad a léim

an nóta seachadta greamaithe aici
ar an ollualach feamnaí fúm:
Seol thar n-ais
chuig an seoltóir   é seo   é seo
is é seo,   é seo   é seo   is é seo.

Tosnaím ar na hairteagail leathchaite
a bhailiú gan fhios agam cá seolfad iad.
Loicfeadh tine uathu, doicheall ar an ndúlra
cabhrú. Níl i ndán dóibh go fóill
ach málaí móra dubha.

Má thagann meitheal ag triall
ar an *woar* beidh sé ann di, glan. Sin
muna bhfuil sé fuadaithe scun scan
go dtí an doimhneacht arís
ag gáirí geala na dtonnta.

SEACHAS UISCE
Colm Breathnach

Seachas uisce, cad eile
atá sa bhfarraige mhór,

seachas uisce agus éisc agus feamainn agus fochaisí,
cad eile atá sa bhfarraige mhór,

seachas uisce agus éisc agus feamainn agus fochaisí
agus portáin agus gleamaigh, cad eile atá
sa bhfarraige mhór,

seachas uisce agus éisc agus feamainn agus fochaisí
agus portáin agus gleamaigh agus sáile
agus rónta agus míolta móra agus tonnta
go bhfuil glinniúint na gréine orthu
agus smugairlí róin agus planctón
agus doimhneacha dorcha do-eoil,
cad eile atá sa bhfarraige mhór,

seachas uisce agus doimhneacha dorcha do-eoil
agus sáile agus báthadh agus sceoin
agus ólaí ar ólaí ar ólaí,
cad eile atá sa bhfarraige mhór?

Plaisteach.
Tá plaisteach sa bhfarraige mhór.
Tá málaí plaisteacha sa bhfarraige mhór.
Tá téada agus sreanga plaisteacha,
buidéil phlaisteacha agus crátaí plaisteacha
sa bhfarraige mhór.
Agus tá micreachoirníní plaisteacha
agus na mílte mílte milliún míreanna plaisteacha eile
sa bhfarraige mhór.

Seachas uisce agus plaisteach, cad tá sa bhfarraige mhór?

AN T-ÉISTEOIR
Áine Ní Ghlinn

Chuir an t-éisteoir cluas air féin
is d'éist le síodamhrán
an damháin alla is é i mbun gréasáin

D'éist sé go géar is chuala
cogarnaíl éadrom na nduilleog
is iad á ngríosadh féin chun eitilte.

Chlaon an t-éisteoir a chluas
is chuala calóga sneachta i mbun
pleanála thuas os cionn na scamall.

Chuir sé bior ar a dhá chluas
is chuala coiscéimeanna na seangán
is iad ag máirseáil leo amach ón gcoill

Chuala sé bogshodar na gcríonmhíolta
is iad ag éaló leo
roimh dhul in éag na gcrann.

Ghéaraigh an t-eisteoir bior na gcluas
is chuala stoirmeacha is spéirlingí
caoga bliain i gcéin.

Chuala ardú na bhfarraigí
is a ngrinnill cromtha
faoi ualach mheáchan na dtonn.

Chuala sé marbhna na n-éan
is iad á gcaitheamh féin le haill
i ndiaidh tórramh na coille.

Chuala sé caoineadh na n-iasc
is iad ar snámh bolg le grian
ar dhromchla na n-aigéan.

Chuala sé na beacha deireanacha
ag caoineadh is iad ag dordán
i dtreo a mbáis féin.

Chaoin an t-éisteoir uisce a chinn. Rinne
a chaoinscréachaíl macallú tríd na coillte,
tríd na farraigí, tríd an domhan uileag.

Ní bhfuair sé, áfach, ach éisteacht na cluaise
bodhaire mar nach raibh aon duine fágtha
le cluas a thabhairt dó.

Ó: SUIBHNE
FEAR BEANN
(*après* Han Shan)
Rody Gorman

1.
Mo rogha féin Aill Fharannáin
Conaire éan thar shlite daonna

Céard tá i mo gharraí
Néalta bána le carraigeacha dorcha

Agus mé i mo chónaí anseo gach bliain
Chonaic mé ag athrú na ráithí

Sibh féin a bhfuil de chlogáin agaibh
Céard is fiú ainm folamh

2.
Ag sireadh dídine
Coinneoidh Gleann Balcáin thú go slán

Gaoth an reo sa gcoill chiar
Gluais i leith éiríonn an fhuaim níos fearr

Faoina bhun sin an ghealtóg
Ag gabháil dá cuid rann

Seacht mbliana di gan chumas fillte
Rinne sé dearmad ar gach caoi is gach conair a tháinig

3.
D'iarr mé triall ar Aill Fharannáin le fada
Faoi dheireadh rug mé greim
Ar mhuine go ndearna mé dréim
Ach tharla dhom ar an gconair ceo is gaoth
Bhí an tslí caol d'éadach
An mhóin sleamhainn do bhróga
Stad mé ag abhaill
Chodail mé le néal mar chearchaill

AN SMÓLACH
Áine Moynihan

Fuaireas ar maidin í,
go truamhéileach ar a drom,
crúba in áirde, gan marc uirthi
ach a ceann ar aon taobh;
splanc an tsolais chinniúnaigh
fós sáinnithe ina súile,
iad ar leathadh,
ag cur dallamullóg orm
is mé ag tnúth leis an mbeatha.

D'árdaíos i gcliabhán mo lámh í
ón leac chruaidh, á meá -
chomh héadrom, chomh bog,
teas inti fós -
is leagas go fóillín i gcúinne na páirce í,
ar leaba féir.

Táim cinnte gurb í a bhfacamar
á ní féin sa linn inné,
gach crith is searradh aisti,
á cluimhriú féin;
brollach breacdonn croithithe,
sciatháin ag sileadh uisce lonnrach;
bean á cóiriú féin,
beag beann ar scáthán na linne,
beag beann orainne ag stánadh uirthi.

An raibh sí meallta
ag an lampa leictreach
fágtha ar lasadh sa stiúideo aréir?
Nó dallta ag scáil na gréine
ar an ollfhuinneog ar maidin –
Í sanntach, mar Icarus, ar sholas?

Tá sí curtha sa choill anois,
i gcromleac bheag chaonaigh.
N'fheadar an gcloiseann sí
ceol a coda os a cionn.

Dála Alastair Humboldt, An Mór-eolaí…
Nuala Ní Dhomhnaill

Dála Alastair Humboldt, an mór-eolaí
tá an duine daonna an-lúbarnach.
Bhíodar i gceart-lár Mheirice Theas.
Bhí fear óg tar éis a n-aird a thabhairt air;
bhí sé dea-bhéasach agus tuisceanach,
agus d'iarr siad air cabhrú leo a gcuid uirlisí a chur ar bun.

Mheas siad é a thógaint isteach ina bhfostaíocht,
Ach baineadh siar astu,
Nuair a d'inis sé dóibh faoi na roghanna cócaireachta a bhí aige.
Mhínigh sé, cé go raibh
'feoil an Manimondas-moncaí níos dubha,
Go bhfuil sé fós an-chosúil, ó thaobh blas de,
Le feoil an duine';
Thairg sé an fhaisnéis freisin gurb é croí na láimhe
an chuid ab fhearr den dá chás.

Cé go raibh uafás air,
d'aithin Humboldt fós gur thug sé a chreat cultúrtha féin chun an cháis.
Ní raibh ciall ar bith 'bheith ag bruíon leis an bhfear óg;
bheadh sé cosúil le
'mar a bheadh Brahmin ón Ganges
ag taisteal san Eoraip,
ag cáisiú linn gur itheamar feoil ainmhithe.'

Níor thugadar leo an fear óg.

Cúlbhealaí
(do CÓS)
Philip Cummings

Mé leathchaillte ar chúlbhealaí chúl na hEargaile,
de thaisme, tagaim ar chomhartha do Chaiseal na gCorr,
go tobann, tá mé sa bhaile san fhilíocht

a chum mac de chuid na tíre seo,
diúlach a raibh air a bhealach féin a aimsiú
amach ón iargúltacht go dtí an domhan mór.

Ba chorrach an saol é, bacainní bóthair,
bóithre caocha, droch-chastaí dá chuid féin,
ach bhain barr an domhain amach gur thug an Neipeal ar ais leis.

Ar deireadh, is iad na focail a fhanfaidh fíor.
Anseo, ina chaiseal corr, fógraím os ard iad
ar an uaigneas b'ábhar agus ba spreagadh leo.

Le blianta, tá ag teip orm teacht ar an chasán chaol
thart ar na starráin starracha seo go dtí an bealach mór.
Faoi threoir ag éigse na háite buailim bóthar athuair.

Trí Spléachadh ar Chavafy
Cathal Ó Searcaigh

I
Tchím ansiúd é ina sheomra i Rue Lepsius, é ina shuí
i gclapsholas na gcoinnle agus lampaí ceirisín;
toitín ina bhéal agus dán ag fabhrú ina intinn,
gach focal a mheá aige go cruinn agus go mín.

Néalta toite ag sní os a chionn mar na neacha
a thig as a thaibhreamh, na pearsana cianársa seo
atá ag teacht ina láthair anois ina nduine is ina nduine
agus iad ag éileamh teangaidh bheo agus treo,

Lena mbeatha rúnda a fhuascailt ó sheanchuing
na cinniúna i gcúirt an dáin. Tá an uain faoi réir
agus is annamh riamh é gan a bheith san aimsir chian
ag rianú an tsaoil úd is á thabhairt chun léire.

Na ríthe agus na himpirí, na huaisle agus na hísle,
an mór i gcuimhne agus an beag gan aithne.
I bhfaonsholas na gcoinnle eisean an ceann réitigh,
an té a íslíonn a ngal nó a bhuanaíonn a gcuimhne.

Baothghlór na dtréan agus glórmhian na dtrua,
tá sé de bhua aige breithiúnas a bhaint astu
gan iad a shaoradh is gan iad a shéanadh
ach a dtoil chlaon a mheabhrú is a thuairisciú.

Ach anois i ndiaidh an iomarbhá reatha seo
leis an bhás is leis an bheatha, tá anáil aeir uaidh
ó bholadh tromaosta an tseomra is ón chianstair.
Seasann sé amuigh ar an bhalcóin ag breathnú uaidh

Ar an chathair ársa seo is ansa leis ina chroí.
Tá an dorchadas ag titim is mothaíonn sé ina chuid fola
glaoch mheallthach na hoíche. Ar ball bhéarfaidh sé a aghaidh
ar dhrabhlas na sráide agus ar ghleo na colla.

II

Seo an seomra, an seantroscán míndéanta, táipéisí ar na ballaí,
táblaí beaga gleoite ar fud na háite. Faoi léas rúin
na lampaí ceirisín tig luisne dhiaga ó na soithigh práis
agus ó na babhlaí copair agus é ina shuí ag cur dháin i dtiúin.

Consaeit aige dó féin; a chuid éidiú smolchaite ach néata,
snua ungtha ar a aghaidh, dath ina chuid gruaige.
De réir dealraimh ní seanfhear atá ann ach buachaill
a chuaigh in aois is atá ag iarraidh breith arís ar a óige.

Tá'n suíomh lena mhian. Ar an úrlár íochtarach tá teach striapachais
leis na mianta a shásamh. Os a chomhair amach
tá Naomh Saba, an eaglais Phatrarcach, le peacaí a mhaitheamh.
Thart an coirnéal tá ospidéal le breith agus le bás a réiteach.

III

Tá a aigne lán de scáilí diamhra na staire
is é ag iarraidh an tsíoraíocht is dual dá gcnámha
a thabhairt daofa ina dhán. Ach anocht chinn air
a gcríoch is a gcinniúint a iompar idir a lámha.

Tá gleo beo na beatha á mealladh óna dheasghnátha.
Tá a mhianta á ngríosadh, tá teas ina chuid fola;
an bhraistint ghrinn agus síneadh righin na hintinne,
'chead acu anocht agus é sa tóir ar shásamh na colla.

Seo é faoi choim na hoíche, fuadar aerach ina choiscéim
agus é ag leanstan a chlaonta rúin i gceathrú an phléisiúir;
á dhílsiú féin leis an dorchadas is le buachaillí a dhúile,
ag baint sú as saol a mhianta sula dté sé san úir.

Cnámha

Réaltán Ní Leannáin

"Tá, tá rud inteacht orm, víreas nó *dose* inteacht … ní bheidh, ach tá súil agam a bheith ar ais san oifig amárach … go raibh maith agat … bhéarfaidh."

Chroch Tríona an glacadóir. Bhí na páistí imithe ar scoil, bhí an teach ciúin.

Sheas sí faoin uisce galach sa seomra folctha, an fhuil thirim ón áit ar scríob sí a lorga ag imeacht ina phrislín tanaí éadrom. Chuimil sí é le smeadar balsaim agus thit sí isteach sa leaba, a gruaig tais go fóill, gan triomú. Thit néal uirthi a luaithe is a bhain a cloigeann an piliúr amach.

Thart fá am lóin, mhúscail guth a hathair cleamhnais í ón chistin.

"Heileo! 'Bhfuil tú thart, a Thríona? 'Bhfuil tú óicé? Chonaic mé an carr taobh amuigh den teach go fóill. Bhfuil tú tinn?"

Thiontaigh Tríona sa leaba. Bhí a hathair cleamhnais cineálta go leor, agus bhí buntáistí le bheith in ann beannú dó ina chistin féin ó do chistinse. Bhí sé ar fáil go mion is go minic le cuidiú leis na stócaigh. Ach in amanna…

Tharraing sí na cosa amach as an leaba agus chaith sí geansaí thar a pitseámaí.

"Tae?"

"Beidh, cinnte. Bhfuil tú óicé?"

"Tá, a stór. *Dose* beag, sin an méid."

Sheas sé taobh na fuinneoige sa chistin, ag amharc amach ar an lúbra de pháirceanna beaga thíos fúthu agus ar an mhanglam de bhóithríní cama a shnigh tríothu. Spréigh na ballaí tiubha cloiche ar achan taobh, roinnt acu trí chloch ar doimhneacht, beagnach chomh leathan leis na páirceanna beaga féin ar shleamhnaigh siad thart orthu. D'ullmhaigh Tríona an tae, agus shuigh an bheirt acu ansin sa chiúnas, ag éisteacht leis na préacháin. Chuimil sí a lorga go discréideach. Bhí tochas ag teacht ar an scríob ansin, ón uair a thit sí aréir.

"Tá an lá ag éirí gearr," ar sé, i ndiaidh tamaill.

"Tá."

"Beidh an tSamhain linn roimh i bhfad." ar sé, ag líonadh an chiúnais i ndiaidh cúpla bomaite eile.

"Beidh."

"Bíonn daoine i gcónaí míshocair an t-am seo bliana, dar liom. Ag éisteacht le seanscéalta."

"Áidhe, bhal, sin na scéalta Samhna, is dócha. Bíonn an-chraic acu leis na scéalta faoi na *Frankensteins* agus na taibhsí." arsa Tríona.

"Tá mé á rá leat, ná lig do na stócaigh sin agatsa fás aníos mar a d'fhás go leor de mo ghlúnsa. Lán amaidí. Eagla orthu roimh a scáil féin sa dorchadas. Nuair a d'fhás siadsan aníos ina bhfir bhreátha mhóra, nárbh amadáin go fóill iad i ndiaidh seisiún oíche, tí na gcomharsan, Ag cur milleáin ar an lucht sí in áit an óil má baineadh tuisle astu ar an bhóthar abhaile. Síógaí agus *zombies* agus cnámharlaigh, mo thóin. Na bí á ngríosú a chreidbheáil san amaidí sin."

Tháinig aoibh bheag ar aghaidh Thríona don chéad uair le cúpla lá anuas. Ariamh anall rinne a hathair cleamhnais an-díspeagadh ar lucht scéalta sí sa cheantar. Leis na hoícheanta dorcha fán Samhain, bhí neart ábhair de sin ann.

"Slán, bhal."

"Slán. Slán is beannacht."

Nigh sí an dá mhuga ag an doirteal, ag amharc amach ar an fhuinneog a thug radharc ar an bhóithrín idir an dá theach. Tháinig aoibh bheag ar a haghaidh. Níor ghá di amharc, fiú, mar bhí a fhios aici go raibh a hathair cleamhnais ag siúl an bhóithrín go mall. Mar is gnách, bhí sí cinnte, leag sé méar ar an bhalla ar thaobh a láimhe clé, ag cuntas na gclocha soir i líne ar a bharr. Mar is gnách, stop sé ag an chloch chéanna. Faoin am seo, shíl sí go mbeadh sé ag bogadh a láimhe trí shraith síos na clocha móra. Mar is gnách, chuimil sé an chloch áirithe ansin, cloch a bhí glanta, sciúrtha ón chuimilt thar na blianta. Ní raibh caonach ná lus ná salachar féin ar an chloch seo, ón iomaí uair a shlíoc sé í. Bhí a fhios aici gur imigh sé leis faoin am seo, suas an mhala chuig an seanteach ar an mhullach trasna uaithi, an deasghnáth críochnaithe aige. Ní raibh Tríona cinnte an piseog nó *OCD* a bhí i gceist, nó ar thuig sé féin go raibh sé á dhéanamh. Ach ó tháinig sí a chónaí sa teach seo cúig bliana déag ó shin thug sí faoi deara go dtearn sé amhlaidh achan uair a chuaigh sé soir siar an bóithrín sin.

"Ocras an domhain orm, a Mham!"

"Agus ormsa, a Mham!"

Bhí an bus scoile tagtha agus imithe. Mar is gnáth, bhí an bheirt ghasúr ag troid le bheith ar an chéad duine thar thairseach na cistine, le tabhairt faoin stobhach a bhí á dháileadh amach ar phlátaí ag Tríona.

"Fágaigí na buataisí salacha ag an doras ar dtús agus bainigí díbh na cótaí."

Rinne siad amhlaidh. Shuigh siad agus thug siad faoina gcuid.

"Bhal?" arsa Tríona, nuair a bhí roinnt den stobhach imithe ó na plátaí. "Scéal ar bith?"

"Ní bhfuair mise ach litriú don obair bhaile mar bhí muid maith sa rang," arsa Rónán, "agus dúirt an múinteoir, má bhíonn muid chomh maith sin idir seo agus briseadh na Samhna, nach dtabharfaidh sí aon obair bhaile dúinn thar an bhriseadh."

"Nach í atá cineálta," arsa Tríona. Caithfidh go raibh an múinteoir ag súil go mór leis an bhriseadh seo.

"Bhí muide amuigh ar fheirm Mhic a' Líonáin ar maidin, ag amharc ar na beithígh," arsa Caoimhín.

"Ó, cinnte, inniu a chuaigh do rangsa ar thuras páirce tíreolaíochta. Ar thaitin sé leat?"

"Bhí sé ar dóigh ar fad. Thosaigh muid leis an chromleac i bpáirc uachtair na feirme. Bhí an múinteoir ag inse dúinn gur chuir siad daoine marbha faoi na clocha sin i bhfad ó shin."

"An bhfaca tú aon chnámha, mar sin?" arsa Rónán, dóchas ina ghlór.

"Chan fhaca!" Thiontaigh sé chuig a mháthair. "Dúirt an múinteoir gur lean daoine ag cur marbhán faoi chloch ar feadh tréimhse fada anseo. Nach bhfuil sin aisteach, a Mham?"

'Faoi chloch? Caidé sin?" arsa Rónán.

"Níor chuir siad daoine faoin chré. Rinne siad tuamaí de chlocha agus chuir siad daoine sna tuamaí, a dúirt an múinteoir. Ach bhí na sagairt míshásta agus thug siad amach fá dtaobh de, a dúirt an múinteoir. Thosaigh siad ag cur daoine faoin chré ansin."

Thug Tríona spléachadh ar a mac is óige. Bhí a shúile mór le hiontas is le huafás.

"Agus an dteachaidh sibh áit ar bith eile ar an fheirm?" ar sí.

"Cinnte! Chonaic muid an bhleánlann agus tháinig na beithígh isteach le bleá agus chuidigh muid leis an fheirmeoir. Bhí na beithígh ag déanamh an oiread sin caca! Bhí an boladh dochreidte agus fuair mé cuid den chac ar mo chóta!"

Bhris an bheirt ghasúr amach ag scairteadh gáire.

"D'inis an feirmeoir scéal," a lean Caoimhín, "d'inis sé scéal don mhúinteoir nuair a shíl sé nach raibh muid ag éisteacht. Chonaic sé taibhse aréir."

Stop Tríona den sciúradh ag an doirteal.

"Taibhse?"

"Bean bhán, thuas ar Ard na Sí. Bhí sí ag fánaíocht thart is thart is thart ar an chnoc, a dúirt sé, amhail is gur shiúil sí ar fhóidín mearaí is nach raibh fios a bealaigh abhaile aici," arsa Caoimhín.

"Taibhse?"

Bhí guth Rónáin i ndiaidh a ghéarú. Chuala Tríona an eagla ann.

"Ná bí ag inse scéalta amaideacha, a Chaoimhín, nó is tusa a bheas thíos leis — tusa a chodlaíonn sa tseomra chéanna le Rónán. Má scanraíonn tú é..."

"Ach tá sé fíor, a Mham! Chuala an rang uilig iad, bhí siad ag caint faoin bhean sí..."

"Stop den amaidí anois, a Chaoimhín. Anois."

Thug Caoimhín spléachadh ar aghaidh bhán Rónáin agus thost sé, ag díriú a shúile síos go ciontach. Thug sé faoin chuid eile den stobhach.

Dinnéar déanta, d'imigh an bheirt ghasúr isteach chuig an seomra suí agus an teilí. Sheas Tríona ag an doirteal. Bhí an scéal ar eolas aici le blianta. Bhí go leor daoine sa cheantar nach rachadh amach as a dtithe san oíche mar gheall ar an taibhse chéanna, go dtí go mbeadh Oíche Shamhna caite. 'An Bhean Bhán' a thug roinnt daoine uirthi, agus bhí daoine eile a mhaígh gur bean sí seachas taibhse a bhí inti. Is iomaí oíche a chaith a hathair cleamhnais sa chistin ag magadh ar na daoine seo a dúirt go bhfaca siad í, agus a chreid go raibh a leithéid ann agus taibhsí, sula mbuaileadh sé bóthar soir abhaile, ag cuimilt na gcloch den bhóithrín leis, ag stopadh ag an chloch cheannann chéanna i gcónaí.

Chuaigh Tríona amach chuig an phóirse agus chóirigh sí na buataisí agus na málaí scoile. Thóg sí cóta Rónáin ón urlár agus chroch sí thar a cóta bán báistí féin é, thóg sí an tóirse ón stól agus sháigh sí go domhain i bpóca a cóta é.

Shiúil Tríona síos an halla chuig na stócaigh a bhí sáite sa teilí. Bhí sí tuirseach go fóill. Shiúil sí thar na grianghraif uilig a bhí ar crochadh ar an bhalla - na stócaigh agus iad ina mbabaithe, a gcéad lá ar scoil, a gcéad Chomaoineach. An chlann ar fad i gcuid acu, gan ach an bheirt stócach nó stócach amháin i gcinn eile.

Bhí fráma cearnógach ar an bhalla agus chuimil sí é gan smaoineamh, mar a rinne gach uair a dteachaidh sí thairis. Bhí an fráma seo sciúrtha glan ón síorchuimilt, gan oiread is cáithnín deannaigh air. A cuid *OCD* féin, b'fhéidir. Saothar fuála greim-trasna a bhí ann, ainm girsí deartha ann le snáth dearg, bláthanna glasa agus buí thart ar an imeall. Alannah. Chríochnaigh Tríona an saothar beag cuimhneacháin deich mbliain ó shin, sular tháinig Rónán ná Caoimhín ar an tsaol. Níor tháinig Alannah ar an tsaol i gceart ach oiread, an lá sin díreach roimh Shamhain. Tháinig sí i bhfad roimh a ham, gan choinne. Níor eisigh an dochtúir teastas breithe di, fiú, bhí an páistín chomh luath sin. Ach bhí sí anseo ar an bhalla, ar a laghad. Agus i gcroí Thríona.

Níor lig an sagart do Thríona na taisí a chur sa reilig. Thóg a fear céile amach faoi choim na hoíche iad, agus chuir sé iad. Thuas ar an chnoc in áit inteacht, a dúirt sé, ag an am. Níor chuimhin leis cá háit go beacht, ar sé. Shíl Tríona go raibh súil aige go ndéanfadh sí dearmad tapaidh ar Alannah, ar an dóigh sin. Ní dhearna, go dtí seo. Mheas Tríona nach ndéanfadh go deo.

Níor éirigh léi an uaigh a aimsiú aréir, ach oiread leis na blianta eile a dteachaidh sí amach, gach bliain cothrom an lae a rugadh — ach nár rugadh — an chéad pháiste aici. Bliain eile go dteachaidh sí ar seachrán tríd na bóithríní agus na ballaí cloiche ar na dúichí seo, fód ag baint tuisle aisti anseo, balla cloiche á scríobadh ansiúd. Chuimil sí an chneá ar a lorga arís.

"Anois, a stócaigh, bogaigí suas ar an tolg sin agus ligigí do bhur Mam bhocht thuirseach suí síos libh!" ar sí, á socrú idir an bheirt mhaicín, á gcruinniú isteach ina hucht chomh láidir sin is gur bhéic siad léi, ag impí uirthi stopadh.

Cuas Coinsiasa
Mícheál Ó Ruairc

Chonac maidin áirithe ag druidim le deireadh
an earraigh é, an *border collie* bocht sceimhlithe,
ag teitheadh ar son a anama
tríd na cnocáin agus na páirceanna,
á ghortú féin ar na claíocha agus ar na sceacha,
an *distemper* á thiomáint amhail gealt ar mire,
cúr lena dhrad agus sceon ina shúile.
Gabhadh é agus é gafa i dtom driseoige

agus casadh iall de shúgán timpeall a mhuiníl
agus tarraingíodh é chomh fada le barr na haille
agus caitheadh gan trua gan taise isteach
sa bhfarraige cháite ag Cuas an Mhadra Uisce
ag tráth an chlapsholais agus cad é mar chliseadh
a baineadh asam ní ba dhéanaí san oíche
nuair a chualas é ag sceamhaíl agus ag geonaíl
go dearóil cráite amhail is go raibh sé ag impí

orm teacht i gcabhair air agus é tréigthe
ar an gcarraig shleamhain leaththumtha
ar a raibh sé teanntaithe ina libín maol báite,
gan de chairde aige ach na rónta
a bhailigh ó chian is ó chóngar istoíche
chun tacú leis i gclaisceadal caointeoireachta
gur theip ar théada a ghutha faoi dheireadh
agus scuabadh den charraig é

ag tonn mhór mhillteanach na trócaire.
Ach thugas an chluas bhodhar don tragóid
a bhí ag titim amach thíos fúm
ar an gcarraig lom leathbháite oíche
i ndiaidh oíche ar feadh seachtaine
mé i bhfad ón anachain is mo chloigeann
clúdaithe faoin bpluid ar mo leaba theolaí,
im' chladhaire coinsiasach de Chríostaí.

Teorainn
Caitríona Ní Chleirchín

Iarrann sé uirthi seasamh amach ón ghluaisteán tamall
le go gcuirfidh sé ceisteanna uirthi
Féachann a triúr iníon amach an fhuinneog ar a máthair
agus ar ghunnaí na saighdiúirí

Cá bhfuil do thriall?
Cad as a bhfuil sibh ag teacht
Agus cén fáth?
A fhiafraíonn an saighdiúr Sasanach di go borb
Cad is ainm duit? Cá bhfuil cónaí ort?

Níor fhreagair mo mháthair aon rud chomh ciúin cúramach ina saol
Riamh nó ina dhiaidh.
Tá mé díreach i ndiaidh cuairt a thabhairt ar mo mháthair, a deir sí
seanmháthair na gcailíní i dTír Eoghain.
Agus anois tá mé ag dul thar an teorainn
go Scairbh na gCaorach, *Emyvale*.

Níos déanaí suífidh sí sa chistin ag caitheamh fiche *Silk Cut*
Ag déanamh buairimh is machnaimh
Agus ag iarraidh an eagla roimh an *Big Shed* a ruaigeadh.

B'é an Big Shed an áit a thugtaí daoine lena gceistniú agus iad ag iarraidh an teorainn a thrasnú ag Áth na Cloiche.

Leabhar Beag Nótaí
Marcus Mac Conghail

'Ba cheart duit leabhar beag nótaí a fháilt duit féin'
a dúraís nuair a thuigis…

> Is é sin a bhí agat féin
> ní foláir
> nuair a bhí scéalta
> is ciútaí canúna
> á mbreacadh agat
> i gCeann a' Bhathalla;
> ar an bhFeothanaigh;
> nó i dtigh Tony Heneghan
> ar an bhFód Dubh…

…nuair a thuigis go raibh díleá déanta agam
ar a raibh réamhchoganta agat
go raibh cothú ag teacht
ónar shlogas.

> Sceitsleabhar a bhíodh ag t'athair féin
> x-ghathú de shlios talún; de dhuine…
> imlínte agus imirfhocail
> a thabharfaí chun cuimhne
> is chun iomláine
> faoi fhuinneog an tsolais ó thuaidh
> ina stiúideo
> ag bun an gháirdín.

Mar sin cheannaíos leabhar beag nótaí
inar bhreacas gach rud,
leabhar a bhí liom tamall de thamallacha
i gCeann a' Bhathalla;
ar an bhFeothanaigh;
is i dtigh Tony Heneghan ar an bhFód Dubh…

Is ó chéibh an Fhóid Duibh
     a thóg an tráiléir go hInis Gé sinn
     sé bliana a bhí agam
     agus mac an iascaire ar comhaois
     ag labhairt i mBéarla liom
     is gan tuairim agam,
     gur fhiafraíos díot

     'Cad tá á rá aige?'

I bhfad aimsire chuas go Gleann Cholm Cille;
go Ceathrú Thaidhg im thost ar an *fjord*trá;
go Toraí lem bhean is ár gcéadghin ina broinn;
go Laimbé, Cléire is Bóthar na bhFál. . .

     Chaitheas uaim nó chailleas
     an leabhar beag nótaí
     nuair a líonas mo shaol lán de nithe
gan bhreacadh

Ach i *Reads* inniubh ar Shráid *Nassau*
(nó ar Shráid Thobar Phádraig ba chirte dom a rá)
cheannaíos leabhar beag nótaí ó Pholannach mná
le na cuimhní atá ag síothlú uait
a bhreacadh ar phár

len iad a chur i gcuimhne duit
nóiméad tar éis duit iad a rá

     sa teanga
     a chéad chuala tú
     ar an gCloigeann
     ó fhir an oileáin
     a bhí tagtha chun aifrinn
     is thuig tú nár thuig tú
     a raibh acu á rá
     is chas tú chuig t'athair
     is d'fhiafraigh
     'What are they saying, Daddy?'

caoineann sé arís anocht
an moncaí aonair i nGoa
gan suan gan srann
    a shearc, cá bhfuilir anois
    an ré á ceilt ag néal

Gabriel Rosenstock

heute abend schreit er wieder
der verwaiste aff in Goa
er kann nicht schlafen
    geliebte, wo weilst du jetzt
    der mond verhüllt sich hinter einer wolke

Leagan Gearmáinise le Hans-Christian Oeser

Il pleure encore cette nuit
le singe orphelin à Goa
il ne peut dormir
    bien-aimée, où es-tu maintenant
    la lune se cache derrière un nuage

Leagan Fraincise le Daniel Py

κλαίει κι απόψε
μαϊμού ορφανή στην Γκόα
και δεν κοιμάται
    αγάπη, πού είσαι τώρα
    νέφος κρύβει η σελήνη

Leagan Gréigise le Sarah Thilykou

AN tÚLL SA GHORT
Dairena Ní Chinnéide

Níorbh é an t-úll ba ghile é
ach úll breá a bhí ann
deargleicneach
ar thaobh an tsléibhe duibh

ba lóchrann é
lena chaint bhreá bog
le h-aithne gan aithne
é ag leá na briathra
tonnta tuisceana ag borradh

d'ól sí na focail
mar a bheadh sméara dúbha
finscéalta fuinte
as ór is airgead smaointe
i gcúl a cinn

chúlaigh sí ón úll
síos le faobhar an tsléibhe
sula gcumfaí
scéal eile
idir fhear
is bean
is úll.

CAILLEACHA AN PHORTAIGH
Paddy Bushe

do Maria Simonds-Gooding

I gcumhdach fraoigh atá siad, fite fuaite
Trína chéile i dtranglam gas agus préamh,

Cogarnaíl ar éigin a gcuid fiosrachta
Nó monabhar aon nóta a gcuid urnaithe

Ag cumhrú an aeir don té le cluas fáistine
Is le súil feasa. Ar bhruach thall na habhann

Atáid sínte, an t-áth le cuimhne na muintire
Gan trasnú, na clocha cora imithe le sruth.

Faoi cheilt an fhionnáin a luíonn siad,
Faoi dhraíocht ag siosarnach na mbrobh.

Beireann an éanlaith scéala Éireann chucu
Agus ciglíonn feithidí beaga a n-aghaidh.

Tagann an ruaphoc á mbolú, is an sionnach.
N'fheadar éinne acu cé atá beo, nó marbh.

Ach éireoidh siad feasta, le breacadh lae ghil
Bealtaine amach anseo. Labhróidh siad. Éisteofar leo.

Ar Ámharaí an tSaoil
Peadar Ó hUallaigh

Go gairid i ndiaidh
Dhomhnach Chrom Dubh
naoidéag daichead
thuirling eitleán míleata
de thuairt
ar Chnoc Bréanainn,
díreach le hais
chosán an turais
in aice le gualainn
Choimín an Chnoic.

Iontas na n-iontas
nár cailleadh éinne
gan ach cnámha briste
ag beirt nó triúr
is dob é Kurt Kyck
an chéad trodaí
de chuid na Gearmáine
a leag cos
ar thalamh na hÉireann
le linn an chogaidh.

Fuascailt ón ár
ag na heitleoirí óga
is ón gcomhrac marfach,
imtheorannú bog rompu
ar Churrach Chill Dara,
cead a gcos sa cheantar.

Amuigh ag rince ansan
casadh Lilí ar Kurt
ceann de na hoícheanta
is rathaíonn sliocht
a sleachta
ina ndiaidh aniar.

Thuas ar dhroim
Bhinn Faiche
luíonn inneall den eitleán
ag tabhairt fianaise fós
díreach le hais sheanslí
na n-oilithreach.

An Diabhal Déanta

Joe Steve Ó Neachtain

Cló Iar-Chonnacht (2019) 176 lch.

Alan Titley

B'é seo an leabhar deireanach de chuid Joe Steve Ó Neachtain a foilsíodh tamall gairid sula bhfuair sé bás. Ceithre cinn de chnuasaigh gearrscéalta a scríobh sé ar fad agus tá cosúlacht áirithe eatarthu go léir maidir le suíomh is le hábhar de. Ina bhailiúchán aistí *Ag Caint Linn Féin* insíonn sé scéal mar gheall ar an tréimhse nuair a bhí an sobaldráma *Baile an Droichid* á scríobh aige agus á chraoladh ar Raidió na Gaeltachta. Is amhlaidh gur tháinig fear chuige as Baile Átha Cliath adúirt leis go raibh gradam Jacob's buaite aige de bharr an dráma. Bhí iontas ar Joe Steve mar focal Gaeilge ní raibh ag an bhfear seo agus d'fhiafraigh sé de conas a tharla an duais seo a bheith bainte aige. Dúirt mo dhuine gurbh amhlaidh a bhí sé ar laethana saoire ar an gCeathrú Rua agus gur ghabh sé isteach sa tsiopa áitiúil ina raibh slua mór bailithe timpeall an raidió ag éisteacht le Baile an Droichid, agus ní raibh aon fhreastal á dhéanamh ar dhuine ar bith go dtí go mbeadh an clár thart. Dúirt Joe Steve: 'Bhí ríméad orm go raibh páirt ag an bpobal sa moltóireacht.'

Is dá phobal féin a scríobh sé ar an gcéad dul amach, agus is é a phobal féin is ábhar dá chuid scéalta. Na buanna a thug sé leis mar dhrámadóir, bua an chomhrá, an tabhairt faoi ndeara, na carachtrachta, is iad atá go léir anseo go rábach. Is í an aidhm a chuir sé roimhe 'scéal spéisiúil' a chur ar fáil don ghnáthphobal. Agus abair, laistigh den domhan áirithe seo go samhlódh daoine é a bheith cúng agus ag breathnú isteach air féin, tá an uile shaghas duine, agus an uile shaghas eachtra. Ar nós an Chadhnaigh is í a chaint féin agus caint a mhuintire is bundamhna faoina scéala, caint a bhfuil sé i gcónaí ag iarraidh 'biseach beag' a chur uirthi chomh maith céanna.

Níl aon áit is fearr ina bhfeictear an cumas cainte seo ná sna scéalta nach bhfuil iontu go bunúsach ach caint, agus ar geall le dráma iad. B'fhéidir gurb é an sampla is léire de sin ná an scéal deireanach déanach deiridh sa chnuasach seo 'Úr agus Críon na hAoise' nach bhfuil ann ach mar a bheadh comhrá idir beirt, Tomás agus Cóil Choilmín. Duine cantalach cancrach é Tomás ar deacair é a shásamh agus é ag dul in aois, é ag tabhairt suas d'aon chúnamh baile agus ag diúltú don ionad cúraim áitiúil. Faightear Petra, banaltra Fhilipíno chun teacht go dtí é d'fhonn aire a thabhairt dó, agus is gairid go dtosnaíonn sé ag feabhsú thar meon go dtí go bhfuil sé 'ina bhrian óg aríst' mar adeir duine ina thaobh. Ní hamháin sin, ach mar a thugann bean Chóil faoi ndeara 'Diabhal solas ar bith á lasadh sa seomra a mbíodh sise ag codladh ann' anois ar nod é gur dócha gur leannáin iad agus gur imigh an aois de agus go raibh arís óg. Dráma é, ina mbaineann sé gach leas as a chumas comhrá bríomhar beathach a chur chun fóinte scéal grinn a chumadh. Scéal é, leis, a choinníonn ar aon rámh lena bhfuil ar siúl in Éirinn faoi láthair, óir cé gurb é 'an comhthionól fuinniúil fáiscthe' nó an 'local organic community' a mbíodh an Cadhnach amach air atá ann, tá an saol lasmuigh ag déanamh poill ann, gan trácht ar altraí isteach ó na Filipíní.

Ina choinne sin thall, is máistir, leis, é ar an scéal a bhfuil casadh ina eireaball ann ina phrumpa thiar. Sa chnuasach céanna sin castar 'An Misinéir Mór' orainn, an sagart a thagann chun an phobail d'fhonn eagla a gcreidimh a chur orthu. Is fiú a lua sa dul tharainn anseo go gcuimsíonn scéalta Joe Steve idir shaol traidisiúnta a bhí faoi réim in 40í agus 50í na haoise seo caite ina raibh nósanna na 19ú haoise fós á gcleachtadh, agus an saol atá anois ann lena chuid scannán agus comhluchtaí teilifíse agus gach giúirléid mar a ritheann agus altraí isteach mar a luaitear thuas. Tá sé socair mar scríbhneoir san dá shaol sin, agus ar scaradh gabhail idir eatarthu. B'fhéidir gurb ait le daoine anois an chumhacht a bhain le teacht an mhisinéara go dtí ceantar ar bith, ach ba ghnás bliantúil é a chuireadh sceimhle a gcraicinn go minic ar phobal Dé. Tá an t-ómós sin don sagart, agus amhras air chomh maith, le fáil go coiteann san dá úrscéal bhreátha théagartha a scríobh sé. Sin é mar atá anseo nuair a thosnaíonn an misinéara — 'fear mór millteach a raibh snua a chodach air' ag seanmóintíocht ón altóir agus 'Dearcadh fada eile síos taobh na bhfear agus aníos taobh na mban, mar a bheadh sé á gcur faoi gheasa le neart a intinne'. Tá seo go breá, ach tá 'duine le Dia' sa tséipéal nach bhfuil aon chaint aige agus gur lú ná sin a thuigeann sé cad tá á rá ag an sagart. Nuair a ordaíonn an misinéara dóibh staonadh ón ól agus a lámha a chur in airde d'fhonn a dtoileachas a thaispeáint ní leir don saontachán cad tá ar siúl. '"Tá duine amháin thíos ansin atá ag tabhairt dúshlán theachtaire Dé. Tá mé ag tabhairt seans amháin eile dhuit, sul má chaithim an chrois seo," a scread sé, an sagart. "Cuir do lámh dheas in airde, a deirim leat."'

Nuair nach ndéanann an duine le Dia é sin le corp aineolais, ropann an sagart an chrois leis agus déantar smidiríní de ar urlár an tséipéil. Tá náire ar phríomhoide na scoile áitiúla maidir leis an droch-chlú atá tarraingthe ar an bparóiste agus socraíonn labhairt leis an misinéara tar éis an Aifrinn. Arís, léiriú ar sheasamh an mhúinteora scoile ag an am, seasamh atá imithe le fada. Nuair a ghabhann sé chuige, feiceann sé an sagart paróiste agus an misinéara sna tríthí gáirí i dtaobh an scéil: '"Ná bíodh imní ar bith ort," arsa an Misinéara, ag tabhairt bosóg mhisnigh ar an droim dhó. "Ar ndóigh ní fhaca mise duine ar bith," ar seisean go gealgháireach, "ní raibh ansin ach cuid den drámaíocht"'.

Is í an fhadhb a bhaineann le trácht a dhéanamh ar scéalta arb é an casadh san eireaball a bhuaic nach féidir mórán a rá gan an scéal a lot. Is é a dhálta sin le scéal tosaigh an leabhair 'Aire na hUibhe' ina bhfuil beirt phósta ag dul ar thuras chun a ngaolta sna Stáit agus olaphictiúr de theach is de cheantar fhear céile a n-iníne acu mar bhronntanas. Gach duine ar bís agus ar sciolpaigh. An t-aon ní ar féidir é a rá le léitheoirí an léirmheasa seo ná, bhuel, ní mar a shíltear a bhítear!

Ní i dtaobh le scéalta den tsaghas sin amháin atá sé, áfach. Is minic nach bhfuil ann ach rud adeir duine, rud gaoismhear, nó rud fileata, nath cainte a chasann ár n-aire agus a thugann ar ais ar an bhfód sinn. An pótaire a gcasann sé air nuair atá tuile ar abhainn na Coiribe agus 'Mullach mór stoithneach gruaige ag cur in iúl nach raibh bearrbóirí ag déanamh mórán brabach air.' Is léir go bhfuil sé ag dul le fána an tsaoil. Músclaítear comhrá idir an scéalaí agus an bacach, comhrá faoin aimsir, faoi tada agus faoin abhainn. Nuair adeir an scéalaí gur geall le pórtar an abhainn agus a bhfuil de chúr uirthi, is é an freagra a fhaigheann sé: 'Á mhuise, a mhac go deo dá mba pórtar é ní thiocfadh sé i bhfarraige nó go n-ólfainnse lán mo bhoilg de.'

Uaireanta samhlaímid ceangal idir na scéalta (agus go deimhin ceangal le scéalta as na cnuasaigh eile), agus ní foláir dúinn a cheapadh go bhfuil bunaithe ar eachtra a tharla dó féin. Is cinnte gur mar sin atá sa scéal 'Súil Eile' a scéitheann an teideal go mbaineann le TG4. Ócáid chomórtha na teilifíse log agus ábhar an scéil agus gach maith agus mionuasal ag bailiú isteach sa halla mór ceiliúrtha. Duine é Joe Steve nach raibh meas uisce na gcos aige ar an ngalántacht agus léirigh sé an méid sin ar fud a chuid scríbhinní. Má's é féin atá anseo againn tá an aigne chéanna i réim. Na boic mhóra 'ag tréaslú obair na gcapall lena chéile cé nach bhfaca a bhformhór coiléar ná bríste á chur ar chapall oibre ariamh ina saol' agus 'iad féin ag baint farasbarr dá chéile le brí is le fuinneamh ar scáileán mór ildaite a bhí chomh fada fairsing leis an seanteach ceann tuí a thug foscadh d'aon duine dhéag againn le linn m'óige.' Is ea, ní bheadh sé ann in aon chor murach an chomaoin a bhí curtha ag an teilifís ar an nGaeilge agus ar a phobal féin. Nuair atá an gairdeachas go léir thart gabhann amach ar son plaic de bhurgar i mbialann éigin cois sráide. Gan choinne chonaic sé 'an sunda sínte cois an bhalla.' Duine éigin i mála codlata a bhí draoibeáilte go dona ina luí ar an gcosán. D'aithin sé láithreach an dá shaol, an saol a bhí go díreach fágtha aige agus an saol seo a bhí faoina chosa. Éachtaint nó eipifeiné mar é is bun le go leor eile de na scéalta.

Lasann na móimimtí beaga suas croí na scéalta is giorra sa tsaothar, ar nós nuair a chasann fear gnó taistil le 'súdaire sráide' a síleann sé a bheith ag iarraidh airgid air (agus is suimiúil a bhfuil de bhacaigh agus lucht siúil agus daoine ar an imeall ina chuid saothair ar fad). Le lándrochbhéil caitheann maslaí ar an bhfear sráide ag magadh faoi gur cheart dó dul agus cúpla punt a shaothrú go dtí tar éis sioscadh agus sáiteán go dtugann an bacach comhairle a leasa dó: 'Tá sé chomh follasach is go bhfeicfeadh dall gan súil é. Nach bhfuil tú ar thob taom croí a fháil leis an teannas atá do do chur in adharc an chochaill. Déan suaimhneas, maith an fear, is bíodh ciall agat.' B'in dhá fhealsúnacht saoil curtha suas ar ghualainn a chéile in aon chúpla abairt amháin, fealsúnacht an driopáis agus tuiscint don lig liom lig leat. Tógann tamall ar fhear an ghleithearáin an fhírinne a fheiscint. Ba dheacair aon locht a fháil ar chruinneas na samhailteacha, na meafar is na gcomparáidí a roghnaíonn sé, ach amháin nuair adeir sé faoi fhear ar a shiúlta dó go raibh 'an teacht aniar sin atá ina chnámh droma ag lucht leanúna Mhaigh Eo' aige. Is maith nárbh é an fhoireann peile a luaigh sé, ach b'in pearsa dá chuid agus ní Joe Steve é féin.

Tá scéalta níos faide agus níos uileghabhálaí sa tsaothar chomh maith. Is cuma nó úrscéal nó úrscéilín é 'Rún Daingean' ina scóp agus ina leathantas. Sampla, leis, é den tslí a mbíonn a chuid ábhar nua, úr, friseáilte. Scéal ar an tíogar Ceilteach mallaithe é faoi fhear a raibh de mhian aige imirt ar fhoireann rugbaí na hÉireann, agus ba dhóbair dó. Ceantálaí é, agus an gnó ag dul go seolta, mar a chuaigh. Duine é, áfach, atá tugtha don ghalar dubhach agus roinnt chúiseanna luaite leis seo. Nuair a fhaigheann an tíogar bás RIP titeann a ghnó as a chéile agus cromann ag tathant ar a bhean an teaghlach go léir a aistriú go dtí an Astráil. Nochtadh an-íogair atá anseo ar chaidreamh na beirte agus iad ag iarraidh teacht slán as an ngéarchéim airgeadais agus pearsanta atá acu agus an saol ina n-aghaidh, gan trácht ar an mbastard mallaithe de bhainisteoir bainc a bhí go deas milis sleamhain nuair a bhí an saol ar sheol na braiche. Scéal é seo a léifeadh aon duine agus a bhainfeadh taitneamh ais. Comhlíonann bunéileamh an léitheora go feilmeanta, an tochas sin lena fháil amach cad a tharlóidh dóibh.

Is trua ghéar gurbh é seo leabhar deiridh Joe Steve, óir léiriú arís eile é go bhfeadfadh sé scéal ar bith a fháisceadh as an saol ina thimpeall, agus nach raibh aon rian go raibh triomacht ag teacht ar a pheann ná lagú ar a chumas samhlaíochta.

Crann na Teanga / The Language Tree
Cathal Ó Searcaigh
Irish Pages Press / Cló an Mhíl Bhuí, Belfast, 2018).

Máirín Nic Eoin

Is í an mháistreacht teanga an bhunchloch ar a bhfuil ealaín iltréitheach Chathail Uí Shearcaigh tógtha agus léirítear a mhórbhuanna uile sa leabhar téagartha seo, a rogha féin as na cnuasaigh go léir atá foilsithe aige le daichead bliain anuas. Tá mianach an chumadóra ceoil ann, agus dréacht siansach á chruthú aige as nótaí uamacha agus ruthaig fhuaimfhoclacha na Gaeilge, ag athrú luais de réir mar a oireann do mheanma agus do mhothú na huaire. Is focalphéintéir é atá in ann loime nó raidhsiúlacht an dúlra a cheapadh i bhfocal nó i bhfrása. Amhail an t-impriseanaí, is é an solas féin a mheán go minic. Tá tuiscint ar ealaín na drámaíochta aige, agus éiríonn leis atmaisféar agus mothú agus céadfacht áite agus eachtra a chruthú, ó shámhas leannán ina leaba suilt go dtí uaigneas agus dearóile an díbeartaigh san fhásach. Cé go bhfuil sé ina mháistir ar an íomhá, agus go bhfuil dánta aige a shamhlófá le hairdeallacht an mhistigh agus é i mbun dreas midheamhna, tá féith an scéalaí go smior freisin ann. Is é a scéal féin atá á ríomh i gcuid mhaith de na dánta, ach is i ndánta atá dírithe ar shaoltaithí daoine eile — bídís ina gcomharsana, ina ngaolta, nó ina bpearsana litríochta nó staire — is fearr a léirítear an chomhbhá dhaonnachtúil atá mar spreach faoi thine na filíochta i gcónaí aige. Cnuasach dátheangach atá againn anseo, agus is éacht ann féin dílseacht na n-aistriúchán Béarla — arbh é an file Paddy Bushe a rinne an chuid is mó díobh — do theanga agus d'éirim na mbundánta.

Caithfidh go raibh dúshlán ar leith ag baint le roghnú an ábhair, ag cur san áireamh go raibh naoi gcinn déag de chnuasaigh le cur sa mheá, agus cúig shaothar ina measc siúd a raibh rogha dánta as cnuasaigh níos luaithe foilsithe iontu: *Suibhne* (1987), *An Bealach 'na Bhaile* (1991), *An Bealach 'na Bhaile / Homecoming* (1993), *Out in the Open* (1997) agus

Ag Tnúth leis an tSolas (2000). Braithim go raibh dhá chuspóir ag an bhfile agus an rogha á dhéanamh aige: aitheantas a thabhairt do raon na filíochta atá foilsithe aige go dtí seo, agus struchtúr croineolaíoch na díolama a úsáid le haird a dhíriú ar na cnuasaigh is déanaí, cnuasaigh nach bhfuil pléite an oiread sin ag lucht critice go fóill. Ar na saothair is mó a dtarraingítear ábhar astu, tá na leabhair sin a chinntigh cáil Uí Shearcaigh mar fhile sna 1980idí, *Súile Shuibhne* (1983) agus *Suibhne* (1987), agus na leabhair a foilsíodh ó chasadh na mílaoise, go háirithe *An tAm Marfach ina Mairimid* (2010), *Aimsir Ársa* (2013) agus *An Bhé Ghlas* (2016).

Is é an guth liriciúil sa chéad phearsa guth lárnach na filíochta ag Ó Searcaigh, agus tá sé le cloisteáil go rábach sna dánta sa chnuasach seo. Cé go dtreisíonn an guth sin toise dírbheathaisnéiseach na filíochta in áiteanna – go háirithe sna dánta scéaltacha agus ómóis – is é íorón an scéil gurb é a mhalairt d'éifeacht a bhíonn aige sna dánta cumainn agus caidrimh, ina dtarraingítear go minic as stóras so-aitheanta samhlaoidí inaistrithe. Déantar idéalú agus uasú ar an leannán trí earraíocht a bhaint as teanga choinbhinsiúnta an cheiliúrtha agus an ghaisce. Feictear é seo sa chuimhne shamhrata ar 'bhuachaill na Bealtaine' sa dán 'Soinéad' (106), mar shampla, nó san íomhá laochúil den leannán díocasach mar Chú na gCleas sa dán 'Laoi Cumainn' (118-119) nó sa tsamhail de cholainn shuaimhneach 'bhuachaill na gréine' mar thír dhiamhair mhealltach sa dán 'Ag Faire do Shuain' (142-143). Is minic a bhíonn aoibhneas na collaíochta i gcodarsnacht le doicheall na timpeallachta i bhfilíocht Uí Shearcaigh, agus gné na rúndachta chun tosaigh dá bharr. Sa dán luath 'Ag Déanamh Fómhair' (21), mar shampla, ceileann 'brat rúin' na hoíche na leannáin ó 'bhailte beaga cúnga an bhéadáin' (21). Cé go bhfuil feasacht ar leith an fhir aeraigh á nochtadh go rialta, is í an imní a leanann an tuiscint go mbeidh 'dearg do-bhogtha Cháin' i gcónaí smeartha ar chlár a éadain ('An Díbeartach', 103) atá faoi threis sa chnuasach seo. Díol suime sa chomhthéacs seo nach bhfuil ach dhá dhán as an gcnuasach *Na Buachaillí Bána* (1996), agus trí cinn as an gcnuasach *Out In The Open* (1997), an dá chnuasach is mó a tharraing aird phoiblí ar homaighnéasacht Uí Shearcaigh, i gcló sa leabhar seo. Is é an nasc lárnach atá á shaothrú in *Crann na Teanga* ná an nasc idir íomhá an díbeartaigh ar imeall an phobail agus íomhá an ealaíontóra mar éan corr atá ar deighilt ó ghnáis na muintire. Tá saothar Uí Shearcaigh á mhúnlú le fada ag an mian dhochloíte tearmann sábháilte agus saoirse phearsanta a bhaint amach dó féin, ar a théarmaí féin, ar fhód a dhúchais. Léiríonn an rogha dánta sa chnuasach seo an chonair ealaíne atá siúlta aige, agus a dhóchas leanúnach as feidhm fhuascailteach na filíochta fiú in aimsir an doilís agus na doghrainne.

Soiléirítear tábhacht lárnach an dúchais go luath sa saothar. Tá staid an duine nach raibh an tsaoirse a shantaigh sé ar fáil san imirce go dtí an chathair le léamh i ndánta luatha ar nós 'Deoraíocht' (32-34) agus 'Aon Séasúr den Bhliain' (60). Trí mheán na filíochta, cruthaítear gaol idir tóraíocht na saoirse agus glaoch an dúchais, agus an dúchas sin á shamhlú i dtéarmaí geografacha, i dtéarmaí teanga agus traidisiúin agus i dtéarmaí na féiniúlachta gnéasaí. Déantar cónaidhmiú idir an tírdhreach, an teanga, agus cleachtadh cheird na filíochta sna mórdhánta canónacha atá cnuasaithe anseo. Sa dán 'Portráid den Ghabha mar Ealaíontóir Óg', samhlaítear an fhilíocht le ceárta na teanga i gCaiseal na gCorr, agus pearsa an dáin 'go breabhsánta/ ag cleachtadh mo cheirde gach lá; ...ag casúireacht go hard/ caint mhiotalach mo dhaoine' (58). Is i dtéarmaí coinbhinsiúnta an leannáin bhaininn a shamhlaítear an taobh tíre sa dán 'Cor Úr' agus dídean teolaí á lorg arís ag an aisimirceoir: 'clutharaigh anseo mé idir cabhsaí geala do chos,/ deonaigh cor úr a chur i mo dhán' (62). Sa dán 'Anseo ag Stáisiún Chaiseal na gCorr', tugtar le fios go bhfuil a oileán rúin, 'mo thearmann agus mo shanctóir', aimsithe anois ag an bhfile (92), agus ansin, i meafar sínte na talmhaíochta agus an mhíntírithe, dearbhaítear tábhacht an ghaoil chruthaithigh le fód na muintire:

Anseo braithim go bhfuil éifeacht i bhfilíocht.
Braithim go bhfuil brí agus tábhacht liom mar dhuine
is mé ag feidhmiú mar chuisle de chroí mo chine
agus as an chinnteacht sin tig suaimhneas aigne.
Ceansaítear mo mhianta, séimhítear mo smaointe,
cealaítear contrárthachtaí ar an phointe.(93)

Is mar mhodh agus mar mheán slánaithe a shamhlaítear cumadh na filíochta i saothar Uí Shearcaigh, agus gné lárnach den slánú sin is ea an gaol misteach leis an nádúr a shaothraítear sna dánta. Tá an cnuasach seo lom lán le dánta a cheiliúrann an bheatha nádúrtha, agus blas láidir na spioradáltachta oirthearaí ag roinnt le go leor díobh. Tá na dúile le cloisteáil i ndánta luatha ar nós 'Altú na Maidine': 'clingireacht na nDeora Dé... an abhainn ag canadh a *mantra*/ in *ashram* an aeir...gutaí atá i dteangaidh na báistí...'(48). Sa dán 'Súile Shuibhne' feictear an timpeallacht nádúrtha trí lionsaí na litríochta agus na miotaseolaíochta: tá Véineas 'ansiúd os cionn Dhún Lúiche/ ag caochadh anuas lena súile striapaí' agus tá 'soilse an ghleanna ag crith os mo choinne –/ faoi mhalaí na gcnoc', iad ina 'súile Shuibhne' (66). Cé go dtagann feasacht éiceolaíoch Uí Shearcaigh chun buaice sna dánta sa chnuasach *An Bhé Ghlas* (2016), tá timthriall na séasúr agus dathanna, fuaimeanna agus bolaithe an dúlra dlúthfhite tríd an saothar ó thús deireadh. Tá pictiúrdhánta gearra atá ar áilleacht an domhain, ar nós an dáin 'Taispeánadh' gona íomhá de bhád á nochtadh tríd an gceo:

Lá dár mbeatha
sa cheobháisteach
cois locha

Nocht chugainn go glé
bád seoil

Í ag seoladh go réidh
as stua
an tuair cheatha (384)

    Ba dheacair an dán 'Cuibhrinn' a shárú ar áilleacht na samhla de na caoirigh mar
mheáchain ar pháipéir:

Tchím os cionn bhinn
na mara cuibhrinn
ag sleamhnú le fánaidh.

Ach ab é na caoirigh
atá ina suí orthu, á dtromú,
mar mheáchain ar pháipéir,

d'imeodh siad le fán
ina nduilleoga glasa
síos isteach sa duibheagán. (187)

    Tagann feasacht an ealaíontóra ar a ghníomh aireachais féin chun tosaigh níos mó
de réir a chéile, agus feictear é seo sa dán 'Do Felim Egan, Ealaíontóir' (160-161), ina
scrúdaítear na héilimh a dhéanann tírdhreacha éagsúla ar aird agus ar chur chuige an
ealaíontóra.
    I bhfilíocht Uí Shearcaigh, bíonn sólás le fáil i móradh agus in adhradh an tsolais
agus feictear an ghné seo ag dul i dtreise i ndánta déanacha ar nós 'Altú an tSolais' (318),
'An Siolastrach' (320), 'Ómós an tSiolastraigh' (322), 'Ealaí ar Loch an Ghainimh' (358-
359) agus 'Tá na Lilí i mBláth ar an Dúloch' (362-363). Ní ábhar sólais i gcónaí é an
chomhbhá a bhraitheann an file leis an saol nádúrtha, áfach. Sa dán 'An Lilí Bhándearg',
mar shampla, meabhraíonn áilleacht bhalbh an bhlátha cruachás an duine atá ag brath ar
an teanga le guth a thabhairt dá nádúr bunaidh. Agus líne leis an Ríordánach, 'Bhí gach ní
nite ina nádúr féin', mar réamhnath roimh an dán seo, is amhlaidh a shantaíonn reacaire an
dáin saoirse ó riachtanas an fhéinmhínithe:

An brú atá ormsa le mé féin a chur in iúl faoi scáth na bhfocal
níl aon ghá ag na lilílena leithéidí. Ní theastaíonn ealaín na bhfocal uaithi le hí féin

a nochtadh, a chur in aithne.
Is leor léithe a bheith mar atá sí, socair, suaimhneach, seasta,
    ansiúd sa tsoitheach cré....
  Níl uaim i láthair na huaire
ach a bheith chomh mór i dtiúin le mo nádúr daonna is atá
  an lilí seo lena dúchas lilíoch.
Níl uaim ach a bheith chomh mór i mo dhuine agus atá an lilí
    ina lilí – an lilí bhándearg.(133)

    Gné achrannach eile de chomhbhá sin an reacaire lena thimpeallacht nádúrtha is ea an chaoi a meabhraíonn bisiúlacht an dúlra a mhortlaíocht agus a easpa sleachta féin dó. Tá imní maidir le cúrsaí torthúlachta le fáil i ndán dar teideal 'Cinniúint' a scríobhadh chomh luath leis an mbliain 1972. Anseo, cuireann gluaiseacht ghathanna solais na maidine ag meabhrú é ar an bpáiste nach mbeidh riamh aige:

Corann solas na maidine
isteach chugam, chomh muirneach,
muiníneach; chomh rógánta,
ráscánta; chomh lán d'ámhaillí
na hamaidí; chomh beo
leis an pháiste, an ghin
shaolta nach dual domh
a ghiniúint go deo...(22)

Tríocha bliain níos déanaí agus sólás á lorg an uair seo ó dhaingean foscúil fearúil an Eargail, feicimid an imní chéanna, ach an uair seo is amhlaidh atá buairt faoina oidhreacht liteartha ag cur leis an doilíos:

Níl sliocht ar bith ort,
mo dhálta féin, a chroí,
ach amháin sa saothar seo
le do thaobh, na cnuasaigh
cloch seo, dánta crua
a tháinig asat le dua.

Tá an chloch ghréine
ag lonrú go líofa
i do chuid dánta molta;
an t-eibhear tréan

ag neartú do chaointe;
an chloch aoil
géar i do chuid aortha.

Tá mé in éad leo.
Buanóidh siad
nuair atá mo chuidse
imithe ina gceo.(287)

Gné eile de chastacht an chaidrimh idir an duine agus an saol nádúrtha mar a léirítear
sna dánta é is ea tionchar theanga na Críostaíochta ar an bhfile. Cé gur mó a shamhlófaí
misteachas Uí Shearcaigh leis an mBúdachas, níl éalú ó ghreim na Críostaíochta ar a
shamhlaíocht. Fiú sna dánta is mó a bhfuil an dúlra á mhóradh mar theampall an spioraid
iontu, is i dtéarmaí na Críostaíochta a chuirtear friotal ar an eispéireas. Sa dán 'Tá na Lilí
i mBláth ar an Dúloch', mar shampla, luaitear go bhfuil gach ceann de na bláthanna 'ina
chailís solais....lán d'anam/ ó bheith ag adhradh an tSolais', agus iad ag tabhairt faoina
'gcleachtadh crábhaidh,/ a gCré ghlinnshúileach' (362-63). Is geall le paidir bhuíochais i
ndiaidh gníomh croíbhrú véarsaí áirithe sa dán seo, atá ar cheann de na dánta is faoistiniúla
sa chnuasach trí chéile:

Is beag an tsúil a bhí agam
  a bheith ag déanamh gairdis,
    a bheith lúcháireach,

I ndiaidh a raibh de mhéala
  ag cur mairge orm
    i gcaitheamh na bliana.

Ach inniu is cuma sa riach
  faoi chaitheamh is faoi
    cháineadh an tsaoil....

Suím anseo ar mo mharana
  ag tabhairt buíochais ó chroí
    do dhúile uile na cruinne

As a ngile, as an ngliondar;
  is ag ligean do lí an tsolais
    an lilí atá ceilte ionam —

Loiteog na glóire –
  a thabhairt chun grinnis,
  a thabhairt chun aoibhnis.(362-363)

Cothaíonn an chodarsnacht idir friotal na Críostaíochta agus ábhar an dáin teannas drámatúil go minic. Tá paisean agus dalbacht na hóige le brath ar thuin dhúshlánach an dáin ghrá 'Ceann Dubh Dílis', mar shampla, ina dtugtar le fios nach mbeadh Críost féin aineolach ar chás na leannán:

A cheann dubh dílis dílis dílis
d'fhoscail ár bpóga créachtaí Chríost arís;
ach ná foscail do bhéal, ná sceith uait an scéal:
tá ár ngrá ar an taobh tuathail den tsoiscéal. (108)

Is ar nóta teann muiníne a chuirtear clabhsúr leis an dán áirithe seo: 'ar do shonsa shéanfainn gach soiscéal' (108).

Ní annamh gné cheistitheach nó scigmhagúil a bheith chun tosaigh nuair atá comharthaí sóirt nó creideamh eaglaise i gceist, a leithéid seo sa rann luath 'Béalchráifeacht', mar shampla:

Stuaic na hEaglaise
an gcuireann a ghéire
stuaic ar Dhia? (25)

Coinnítear an cáineadh faoi smacht na híoróine den chuid is mó, áfach, agus i ndán ar nós 'Tearmann', is amhlaidh a bhaintear earraíocht chliste as íomhánna séipéil agus sacraiminte chun leagan den phaindiachas a mhóradh:

Ach i séipéal seo an tsléibhe níl trácht
ar riail ná ar reacht is ní bhím cráite
ag cráifeacht bhorb na puilpide
ag bagairt léin ar lucht na hearráide.
Ní hé Dia na nDeor ná Dia na nDealg
Dia na Tíorántachta ná Dia na Trócaire
an Dia seo ar a bhfuil mé anois ag faire
ach Dia ar cuma leis mo chabhair nó mo chealg.

Anseo, is lena bheatha seachas lena bhriathra
a chuireann cibé Dia atá ann é féin in iúl;
gan aird aige ar chomharthaí ómóis ach oiread le haltú.
Foinse gach fuinnimh. Cruthaitheoir na nDúl.
Is leor leis a bheith ag borradh, ag bláthú
is ag brú chun solais i ngach brobh nuafháis.
Tá sé ag aoibhniú chugam i niamh gach datha
ag beoú an aeir faram lena bheatha.

Le gach anáil dá dtarraingím,
análaím chugam é ar an aer íon
chomh friseáilte le harán, chomh fionnuar le fíon. (84)

Ba é an smál ar a chlú a lean foilsiú scannán conspóideach Neasa Ní Chianáin a chuir
an cor ba dhrámatúla i bhfilíocht Uí Shearcaigh. B'éigean dó straitéisí nua a tharraingt
chuige féin le déileáil leis an duibheagán inar seoladh é. Sa tsraith dánta 'Ceathrúintí
Thuathail Mhic Liag' (221-228), a mbaineann a theideal macalla cliste as teideal
mhórdhán Mháire Mhac an tSaoi, 'Ceathrúintí Mháire Ní Ógáin', séanann an manach
Tuathal grá Dé agus reacht na heaglaise ar son a ghrá agus a dhílseachta dá leannán,
Caomhán. Tarraingítear ar fhriotal agus ar stíl lirící Sean-Ghaeilge ar nós 'Ro bad mían
dom anmainsi' ('Mian de mhianta m'anma'), agus tugann an pearsantú saoirse don fhile
scód a scaoileadh le racht díomá agus feirge le duine agus le Dia. Chun na críche céanna,
sa dán 'Labhrann Óivid' (240-241), úsáideann Ó Searcaigh pearsa an fhile Rómhánaigh le
haghaidh a thabhairt ar lucht an bhreithiúnais agus lena chreideamh i saoirse an fhile agus
i bhfeidhm shlánaitheach na filíochta a athdhearbhú:

Ach tá Augustus rótheann as a thábhacht le go bhfeicfeadh sé
gur faoi scáth na bhfilí a mhaireann sé is gur amhlaidh a bheas go brách,
gur muidinne a chumann an reachtaíocht is buaine, dlí síoraí

An tsaorbhriathair, an focal cóir nach ndlíonn d'aon deachtóir,
aitheanta glé na héigse at á i gcónaí faoi dhlínse na Bé.
Maith dom an t-uabhar mór is an bród a théann thar fóir,

Ach ó tugadh uaim a raibh agam de ghradam, d'ainm is d'urraim,
fear gan fód mé fágtha i dtuilleamaí na déirce. Ó cuireadh an fán
fada orm níl de bhaile agam anois ach baile seo an Bhriathair.

Níl a athrach le déanamh agam ach a theacht i dtír i ndán.(241)

Tugann an cnuasach seo *Crann na Teanga* sárléargas ar raon leathan na filíochta atá cumtha ag Cathal Ó Searcaigh le daichead bliain anuas. Bhí dánta aige ón tús a bhí bunaithe ar bhail an phobail tuaithe ar de é, agus ar laincisí an tsaoil don duine a thagann in inmhe i gcomhthionól beag. Léiríonn dánphortráidí ar nós 'Fiacha an tSolais' (68), 'Caoradóir' (95-96), 'Bó Bhradach' (115) agus 'Comharsa' (373-374) bá Uí Shearcaigh leis an ngnáthdhuine atá cloíte nó creimthe ag an saol, an t-alcólach, an seanfheirmeoir aonarach, an fear óg a bhfuil fonn éalaithe air ó chúinge an ghleanna inar tógadh é, an chomharsa atá cruaite ag brúidiúlacht an tsaoil atá caite aige. Má bhí gné chaointeach eiligiach ag baint le dánta luatha ar nós 'Deireadh Ré' (55) agus 'An Tobar' (70-72), tá imní éiceolaíoch níos déine faoi mheath na bpobal tuaithe i gcoitinne le brath ar dhánta a chum sé níos déanaí ina shaol, ar nós 'Na Bailte Bánaithe' (303-306) agus 'Baile an tSléibhe' (314). Imní níos doimhne fós faoi shíonídiú agus scrios an phláinéid atá ar chúl an dáin 'An Bhé Ghlas', áit a labhraíonn an talamh féin i riocht bandé agus í ag éileamh éisteacht:

Anois is an saol i mbaol,
an nádúr faoi bhrú ón rúta aníos,
caithfear réiteach liom arís. (390)

Is mór an spreagadh a fhaigheann Ó Searcaigh mar fhile ón léitheoireacht leathan ilteangach a dhéanann sé. Cé gur chuid dá chleachtas cruthaitheach sna cnuasaigh tosaigh go háirithe leaganacha Gaeilge de shaothair le filí eile a fhoilsiú taobh lena bhunsaothair féin, seachnaíodh na leaganacha sin sa chnuasach seo. Tá dánta ómóis d'fhilí a chuaigh i bhfeidhm air anseo, áfach, ar nós an dáin spleodraigh 'Do Jack Kerouac' (110-111), a aithníonn an chomaoin a chuir 'bard beoshúileach na mbóithre' ar a shamhlaíocht. Sárdhánta ómóis freisin is ea na dánta 'Do Isaac Rosenberg' (154-155), 'Labhraim le Lí Bai' (246-247), 'Do Christopher Isherwood' (326-328) agus 'Ag Cuimhniú ar James Wright' (366-367), dánta ina machnaítear ar fheidhm fhuascailteach na litríochta agus ar ról ealaíontóirí mar chosantóirí na saoirse agus na beatha.

Tá an ghné idirnáisiúnta d'fhilíocht Uí Shearcaigh le haithint sa chnuasach seo, agus tá sé suntasach go bhfuil dánta a bhaineann le ceisteanna cearta daonna agus leis an bpolaitíocht idirnáisiúnta níos flúirsí sna cnuasaigh is déanaí dá chuid. Tá sé seo ag teacht le treocht atá le haithint i bhfilíocht na Gaeilge trí chéile ó lár na 1990idí i leith. Ar chuid de na dánta is cumhachtaí a thugann breith dhaonnachtúil ar iarmhairtí mórchoimhlintí idirnáisiúnta, tá na dánta 'Cárta Poist chuig Yusuf san Iaráic' (199-200), 'Domhnach i Mín a' Leá, Domhnach i nGaza' (401), agus 'Do Mhohammed Abu Khdeir' (408). Más é an comhbhráithreachas trasnáisiunta atá chun tosaigh sna dánta sin, scéal níos pearsanta atá ar chúl na comhbhá a léirítear sa dán ceanúil 'I gCuimhne mo Sheanuncail a Throid sa Chogadh Mhór (1914-1918)', ina n-aithnítear íobairt agus fulaingt an ghnáthshaighdiúra gan chumhacht:

Thug tú na cnámha leat as an ár ach níor tháinig tú chugat
féin ariamh ina dhiaidh. Bhí cneá mharthanach as an chogadh
ag déanamh angaidh i d'aigne ionas nach bhfuair tú lá faoisimh
le do bheo ach ag síoról na dí leis an bhrí a bhaint as urchóid na gcuimhní.

Chaith tú blianta deireanacha do shaoil ag trampáil na mbóithre
i Midlothian na hAlban, ó Haddington go East Linton — ceantar
ina mbíodh fearaibh Chloch Cheannfhaola fostaithe ar na feirmeacha —
go dtí gur maraíodh tú i dtimpist' cairr ar an bhealach go Dunbar.

A Sheáin chaoin Uí Ghallchóir, a ghaiscígh mhóir, a sheanuncail dhil,
thug tú an tseirbhís fhada dhílis, ceithre bliana doiligh de d'óige
i dtrinsí an uafáis i bhfách le síth agus socracht an tsaoil
is ní ortsa atá an locht má tá an domhan fós ag déanamh urchóide. (397-398)

Mar a luaigh mé thuas, ní hé seo an chéad 'rogha dánta' leis an Searcach — foilsíodh
díolaimí Gaeilge agus díolaimí dátheangacha roimhe seo inar chuir sé rogha ó na cnuasaigh
a bhí foilsithe aige roimhe sin i láthair an phobail. Is dóigh liom go gcuirfidh an leabhar
seo go mór lena cháil, áfach, agus b'fhéidir go spreagfaidh sé tionscnamh chun na dánta ar
fad a chnuasach ina *Collected Poems* cuimsitheach. Maidir leis na haistriúcháin, ba ghá alt ar
leith a scríobh lena gceart a thabhairt dóibh, ach ba leor a rá anseo go mbeadh sé deacair
ag aon duine na haistriúcháin atá déanta ag Paddy Bushe a shárú. Tá siad an-dílis do na
bunleaganacha, agus is léir uathu go bhfuil an t-aistritheoir go mór i dtiúin le samhlaíocht
Uí Shearcaigh, agus go breá oilte chun é a thionlacan go healaíonta ar a thurasanna
fionnachtana agus féiniúlachta tríd an solas agus tríd an duibheagán. Sampla den dílseacht
sin do fhriotal agus do mheon na mbundánta is ea a leagan álainn den dán tochtmhar, 'Ag
Altú an Lae':

Ag Altú an Lae

do Shantaram Sapkota

Tá na héanacha ina ndúiseacht,
tá na bláthanna ina ndúiseacht,
á bhfoscailt féin go lúcháireach
i láthair an lae.
I gcomharsanacht seo na gile

tá muid i bpáirtíocht lena chéile
sa tsolas; na bláthanna,
na héanacha agus mé féin.

Cothaím iad le huisce, le bia agus le grá,
mar ba ghnách liom a dhéanamh
leo siúd a bhí faoi mo chúram,
mo theaghlach ionúin
a dtáinig scaipeadh an tsaoil orthu,
a d'imigh uaim chomh ciúin
le ceol ag síothlú as seomra coirme.
Chlaon an chinniúint a súil orainn.

Déanann na comharsanaí a gcomhrá liom
agus iad ag gabháil thar bráid.
Ag caint leo dearmadaím fáth mo bhuartha.
Ag caint liom féin ar an chúlráid
cuimhním ar a bhfuil i mo chrá.
Ach ar nós na mbláthanna, i gcónaí
iompaím i dtreo an tsolais.
Déanaim iontas dá bhfuil beo.

Tá loinnir an óir i ngnúis na gcnoc.
Tá dán na cinniúna, ár n-arán laethúil,
á fhuineadh agus á fháscadh
as plúr na beatha
agus as púdar bácála an bháis.
Tá na héanacha ina ndúiseacht. Tá na bláthanna
ina ndúiseacht is tá muid uilig
ár bhfoscailt féin don lá.

(412-413)

Matins

for Shantaram Sapkota

There is an awakening of birds,
an awakening of flowers,
opening themselves with delighted
acknowledgement of the day.
    This communal brightness
renders all of us shareholders
in the light of day; flowers,
birds, myself.

    I tender them water, food, love,
as was my wont
with those under my care,
my beloved family
    now scattered by the world's winds,
who slipped away as quietly
as music from a silent auditorium.
Fate focused a malevolent eye on us.

    The neighbours make conversation
as they are passing.
The chat numbs the pain of memory.
To myself in silence
    I rehearse the torment.
But like the flowers, always
I will myself towards the light.
Towards the fascination of living things.

    A golden light suffuses the hills.
Fate and future, our daily bread,
are being kneaded and wrung
from the flour of life,
    from the yeast of death.
There is an awakening of birds, an awakening
of flowers and all of us
are opening ourselves to the day.

(413-414)

Tá caighdeán an fhoilseacháin seo, idir chlúdach, pháipéar, chló agus leagan amach, ar fheabhas ar fad, agus tá moladh tuillte ag an gcomhlacht Irish Pages as an gcúram a caitheadh leis. Ag deireadh an aistir léitheoireachta, fágtar an léitheoir le lón anama agus lón machnaimh agus, thar aon rud eile, le tuiscint bhreise ar áilleacht agus ar chúram slánaithe na filíochta.

Scáil an Scéil
Mícheál Ó Siochrú
(Coiscéim, 2019).

Róisín Ní Ghairbhí

Tá cúig dhán is seasca an chnuasach *Scáil an Scéil* bunaithe ar scéalta Sheáin Uí Chonaill, scéalaí clúiteach Chill Rialaigh. Foilsíodh na scéalta i mbailiúchán dar teideal *Leabhar Sheáin Uí Chonaill* sa bhliain 1948. Tá leabhar/eagrán sin 1948 bunaithe ar na scéalta a roinn Ó Conaill ar an mbailitheoir béaloideasa Séamas Ó Duilearga idir 1923 agus 1931. Aithníodh tábhacht domhanda Uí Chonaill agus a scéalta nuair a foilsíodh an leabhar.[1] Tá athaird tarraingte ag scoláirí mar Ríonach Uí Ógáin agus Kelly Fitzgerald ar thábhacht scéalta Sheáin Uí Chonaill le blianta beaga anuas ach is beag an deis a fhaigheann gnáthmhuintir na hÉireann eolas a fháil ar an saothar. Ní minic a chítear a scéalta ar shiollabais tríú leibhéal (taobh amuigh de ranna béaloidis) agus níl aon scéal a d'eachtraigh Ó Conaill ar churaclam scoile. Ón dúiche chéanna le Ó Conaill is ea Mícheál Ó Siochrú agus sa chnuasach seo is déanaí uaidh tá sé tar éis cóiriú fileata a dhéanamh ar ábhar ó na scéalta.

Má mhair Seán Ó Conaill ar imeall na hÉireann agus gan é dulta níos faide ó bhaile riamh ná Cill Orglan, fós féin b'fhada fairsing é raon a shamhlaíochta agus níor taobh le hUíbh Ráthach nó le hÉirinn féin réimse siúil charachtair éagsúla na scéalta a chuala sé agus a d'eachtraigh sé. Má tá cuntas sna scéalta ar phearsaí áitiúla mar Dhomhnall Ó Conaill Dhoire Fhíonáin agus Dáth Ó Murchú an báille, tá ann chomh maith Domhnall Cam Bhéarra agus Aogán Ó Rathaille. Castar orainn Rí na Spáinne agus Iníon Rí na Gréige. Tá na hIndiacha Thoir (agus Thuaidh, Theas agus Thoir) luaite i scéal amháin. Go deimhin, fianaise ar neamhspleáchas intleachta agus ar fhéiniúlacht leathan phobal scéalaíochta na hÉireann iad carachtair agus suímh ilgnéitheacha a gcuid scéalta trí chéile. Is túisce a chasfaí an Tuath Dé Danann agus na Miléisigh ná Sasanach ort i scéalta Sheáin Uí Chonaill: claonadh nach cúis iontais é, is dócha, nuair a mheabhraímid an radharc ar

1 Féach , mar shampla, léirmheas Reidar Christiansen ar *Leabhar Sheáin Í Chonaill Journal of American Folklore*, Vol. 63, No. 247 (Jan. - Mar., 1950), pp. 107-108 American Folklore Society

an bhfarraige mhór a bhí ag an scéalaí óna thigh, agus an lón intinne saibhir a bhí aige i bpobal láidir Gaeltachta a óige. Is fada ceangal samhalta ag muintir na dúiche seo leis an domhan mór. Deirtear gur in Uíbh Ráthach a tháinig Aimhirghin i dtír, agus bhí ceangal ag na glúnta de mhuintir Uí Chonaill Dhoire Fhíonáin leis an Mór-Roinn trí thrádáil agus cheangail saighdiúireachta agus oideachais.

Tá gné uilíoch na scéalta agus an mothú sin de dhomhan gan teorainneacha tugtha slán i gcóiriú fileata seo Uí Shiochrú ar scéalta Sheáin Uí Chonaill. Dála na mbunscéalta, labhraíonn na dánta go neamhleithscéalach neamheaglach leis an léitheoir nó éisteoir. Trí chanbhás an chnuasaigh mar aonad, tugann Ó Siochrú pictiúr dúinn de phobal agus d'fhéiniúlacht gan teorainn. Luaitear Ó Siochrú go minic le Baile 'n Sceilg ach is file nua-aimseartha é a tharraingíonn ar an traidisiún mar acmhainn a thabharfaidh stiúir dó i saol nua-aimseartha domhanda. 'Tá siad romham ám' threorú' a dúirt sé faoi thábhacht a shinsear dó agus é faoi agallamh ag Shane Grant sa bhliain 2018.[2] Mhair rian an traidisiúin scéalaíochta sin a d'adhain samhlaíocht Uí Chonaill an tráth go raibh Ó Siochrú ag teacht in inmhe. San agallamh céanna thuas, luaigh an Síochrúch gur mhinic a tharraingíodh na cuairteoirí a thagadh ag triall ar thigh a mhuintire scéalta Sheáin Uí Chonaill anuas.[3] Mar sin, ba thríd an traidisiún béil a chéadtheagmhaigh Ó Siochrú le scéalta Sheáin Uí Chonaill.

Ba dhearmad, áfach, cuimhneamh go simplí ar dhánta seo Uí Shiochrú mar shnáithe eile i dtraidisiún béil leanúnach. Maidir le Seán Ó Conaill féin, is léir ó leabhar 1948 go raibh tionchar ag an traidisiún clóite ar an scéalaí – faighimid amach gur fhoghlaim Seán Ó Conaill Tóraíocht Dhiarmada agus Ghráinne ó dhuine a bhí ag aithris ó eagrán Standish Hayes O'Grady den scéal sin, mar shampla. Tá peirspictíocht bhreise ón taobh amuigh ag an Síochrúch ar chultúr a cheantair féin. Tá sé féin ag cur faoi i Luimneach le fada, gan trácht ar thréimhse a bheith caite aige san ollscoil i gCorcaigh. Tá leabhar Uí Chonaill léite go mion ag Ó Siochrú ó chéadchuala sé trácht ar na scéalta ó chairde a athar agus tá de bhuntáiste breise aige céim a bheith aige sa Ghaeilge. Mar sin, má tá dánta an chnuasaigh nua fréamhaithe i gcultúr Uíbh Ráthaigh, tabharfaidh an léitheoir faoi deara gur fear léinn a chóirigh an t-ábhar agus é á aistriú ó mheán amháin (an scéalaíocht) go meán eile (an fhilíocht). D'aithin Ó Duilearga intleacht Uí Chonaill agus thug sé 'conscious literary artist' air.[4] Ealaíontóir eile é Ó Siochrú agus tá buntuiscint an ealaíontóra agus cóiriú coinsiasach an intleachtóra araon le brath ar dhánta *Scáil an Scéil*.

Dála na mbunscéalta, ní bhaineann feidhm nó éifeacht dhánta Uí Shiochrú le

2 Shane Grant, 'Mícheál Ó Siochrú, Buaine an Dúchais', *Irisleabhar Mhá Nuad*, 2019, lgh 64-86, 72

3 Shane Grant, 'Mícheál Ó Siochrú, Buaine an Dúchais', *Irisleabhar Mhá Nuad*, 2019, lgh 64-86, 71

4 Séamas Ó Duilearga, *The Gaelic Storyteller*, 1945, 10

féiniúlacht Éireannach a bheith á caomhnú nó á cur chun cinn. Tá guth geal gléineach anseo, guth a bhfuil údarás an scéalaí agus neamhspleáchas intinne an fhile nua-aimseartha araon á gcraoladh aige. Éiríonn le Ó Siochrú an éacht urlabhra seo a dhéanamh ar dhá bhonn. Bhí mianach uilíoch sna bunscéalta. Níor sheanchas aon pharóiste amháin iad riamh ach lastas ó Ghaeltacht neamhphollta na Mumhan (i mbunchiall an fhocail 'Gaeltacht' mar fhearann nó pobal cultúir seachas an chiall atá leis sa lá atá inniu ann mar limistéar tíreolaíoch).[5] Thug Seán Ó Conaill féin aitheantas don iliomad foinsí. Bhí a chomharsana féin i gceist go láidir gan dabht, ach fuair sé scéalta ó fhoinsí scríofa agus ó lucht siúil na Mumhan chomh maith. Ar an dara dul síos, ní athchóiriú simplí ar théacsanna Uí Chonaill atá anseo. Bunaíonn Ó Siochrú gach dán ar mhóitíf amháin nó gné amháin de scéal. Is geall le heitneolaí an file: é ag aimsiú bríonna i míreanna laistigh de scéalta agus ag craoladh na mbríonna sin i ndánta, seachas tarraingt ar théacs ó thús go deireadh. Tá gortghlanadh déanta ag Ó Siochrú ar théacsanna: ní bheidh seachtain ag an léitheoir le scéal a leanúint, mar sin, seo chughat seod, ábhar machnaimh, smior an scéil. Gan dabht is ionann an dul seo go smior agus an fhilíocht, mar a mbeirtear ar bhunfhírinne i mbeagán focal.

Scéal fada é Iolann Airiminic, le fophlotaí go leor agus carachtair agus suímh go leor. Sa dán 'Gus' baineann Ó Siochrú leas as mír bheag amháin ón scéal mar a dteánn Iolann síos i gciseán chuig tír fothalaimh agus mar a bhfaigheann sé an lámh in uachtar ar na neacha gránna a chastar air. Tar éis dó cur síos ar na dúshláin a bhí roimh Iolann agus tar éis dó meabhrú a dhéanamh ar an tslí go dtáinig each agus spáinnéirín a thug Iolann leis ón domhan fothalamh i gcabhair ar dhaoine a bhí faoi bhagairt in Éirinn, cuireann Ó Siochrú clabhsúr lena dhán le píosa gaoise uilíoch, a labhraíonn le pobal comhaimseartha:

Riamh is choíche d'éiligh brúideanna
Bás agus bárthainn na mílte
D'fhonn leanúint le mianta
a n-uabhar a shásamh,
is fós, géilltear go humhal
dá gcuid sracaireachta
toisc leithéidí Iolann Airiminic
a bheith in easnamh orainn.   ('Gus', 28-29)

Is amhlaidh go bhfuil guth an fhile ag labhairt go díreach ó thraidisiún slán, gan réamhrá nó míniú. Tá guth sainiúil seo Uí Shiochrú beag beann ar ídé-eolaíochtaí nó imní Athbheochana. Fágann comhfhréamhadh na hinste i gcaint na Gaeltachta ('cnagairt'; 'dá gcuid sracaireachta') agus sa traidisiún scéalaíochta ('léim lúfar seacht slata in airde';

5 Féach plé Chaitríona Ó Torna ar seo in *Cruthú na Gaeltachta, 1893-1922*, Cois Life, 2005.

'mar a ghearrfadh seabhac trí ealta éan') go bhfuil guth cinnte againn anseo, guth a éilíonn éisteacht.

Fágann fócas seo Uí Shiochrú ar mhíreanna agus ar mhóitífeanna ar leith go bhfuil deis anála ag na móitífeanna agus na míreanna céanna. Tá úire agus éifeacht ag baint le 'Snaganna Breaca', dán faoi Labhraidh Loingsigh. Baineann an dán le ráflaí. Sa chur síos ar na 'sciatháin' a fhásanna faoi na snaganna breaca a scaipeann rún Labhraidh, tá beirthe ag Ó Siochrú ar chroí an scéil, i meafar nádúrtha.

Nuair a thógtar an cnuasach dánta mar aonad, labhraíonn móitífeanna agus téamaí na ndánta le chéile, agus sna leaganacha giorruithe saindírithe seo de na scéalta, is soiléire fós téamaí áirithe a bhí beagáinín báite sa leabhar scéalta. Ceann de na rudaí a thugaimid faoi deara sna leaganacha achoimrithe seo de na bunscéalta ná gur áit ar leith í Éire. Filleann laochra ar bhaile cinnte darbh ainm Éire, tír atá ar deighilt ó shuaitheadh an choncais sa ghnáthstair agus sa ghnáthshaol, tír atá ar chomhchéim le náisiúin eile dhomhan na scéalaíochta. Sampla eile: tarraingíonn lionsa nua chnuasach Uí Shiochrú athaird ar aitheantas na mbunscéalta do mhná láidre, pearsaí a mbíonn a n-éirim agus a n-aigne féin acu, agus a fheidhmíonn go minic de réir a rialacha féin, beag beann ar na carachtair fir. Cuireann friotal sainiúil Uí Shiochrú leis an mothú seo. Insítear dúinn i 'Ceacht an Fhairceallaigh' gur 'scinn' an óigbhean as radharc agus nach bhfacthas di ach 'spléachadh na súl'. Sa dán 'Geit', ina bhfuil cuntas ar eachtra a bhain do Dhiarmaid na Bolgaí, baineann 'ógbhean sciamhach' stangadh as Diarmaid nuair a thugann sé faoi deara í bheith ag stiúradh an bháid. Ní túisce ann nó as í. I scéalta Uí Chonaill, agus i ndánta Uí Shiochrú, ní thuigfear riamh cumhacht na mban- is ann don bhean ach níl breith uirthi.

Bua eile de chuid leabhar seo Uí Shiochrú an tsainréim focal a chleachtann sé. Tá éifeacht na sainréime seo le brath sa dán 'Fírean'. Dán é seo faoi Fhionn Mac Cumhaill agus seal a chaith sé is é beo bocht. Tá údarás an traidisiúin san oscailt:

Dá mhéad é a shaibhreas
is a shlua
an uair a d'imigh an saol ina choinnibh
thit Fionn Mac Cumhaill
chun deiridh chomh mór sin (...)

Fíréan, lch 49

Ag deireadh an dáin, insítear dúinn faoin 'duine caoinbhéasach amháin' a ghlac trua do Fhionn. An uair seo tá friotal na scéalaíochta ('loingeas') agus gnáthchaint Ghaeltachta

74

Uíbh Ráthaigh ('a bheith i dtortaobh...le cnuasach trá') mar bhonn d'údarás ghuth an fhile. Ach taobh leis na réimeanna dúchasacha seo faightear nuachaint agus insint dhíreach ár sochaí féin ('raidhse mhór grá'), a fhágann go bhfuil cos amháin ag an dán sa saol comhaimseartha.

(...) é ag móidiú nár ghá
go gcleachtódh Fionn
an saol treabhlaideach feasta
mar gur chuir se féin loingeas
sa chuan chuige
le soláthairtí bídh agus airgid
maraon le raidhse mhór grá
a chinnteodh nár ghá
a bheith i dtortaobh a thuilleadh
le cnuasach trá

(Fíréan, lch 49)

I ndánta eile baineann Ó Siochrú úsáid as ruthag nó as friotal foirmeálta: 'Ling fia Uladh óna ghnáthóg' atá mar thús an dáin 'Cleithiúnas', mar shampla.

Cuirfear na dánta seo agus an guth atá cothaithe ag Ó Siochrú sa chnuasach seo i gcomparáid le saothar Nuala Ní Dhomhnaill. Tá údar áirithe don chomparáid seo - tharraing Nuala go coinsiasach ar an traidisiún scéalaíochta, agus go deimhin ar shaothar Sheáin Uí Chonaill. Tá línte ón scéal An Rudaire Rua le fáil sa dán cáiliúil 'Geasa' mar shampla. Ach tá difríochtaí san idirphlé a dhéanann an bheirt leis an traidisiún, agus is lú d'athrú a dhéanann Ó Siochrú (nó is dílse don bhunábhar a chuid cóirithe). Ní hé sin le rá go bhfuil an bheirt fhile inchurtha nó gur fearr duine ná duine eile. Níl ann ach go meabhraíonn saothar na beirte an chumhacht agus an saibhreas atá sa traidisiún scéalaíochta, ar fhilíocht faoi chló eile é.

Cnuasach é seo atá chomh fial mórchroích léannta muinteartha lena údar. Is iontach an bhá a léiríonn Ó Siochrú le bochtáin aimsir an Ghorta sna dánta 'Cinedhíothú 1847' agus 'An Sneachta'. Arís eile anseo, tarraingíonn fócas fileata Uí Shiochrú athaird ar ábhar ar cailleadh a éifeacht beagán i leabhar mór scéalta ar béimníodh a thábhacht mar ábhar eitneolaíochta. Is leor teideal 'Cinedhíothú 1847' chun geit a bhaint as samhlaíocht léitheoirí. Oireann an stíl lom don chur síos ar eachtra amháin a léiríonn uafás an Ghorta. Is gaire an stíl seo do dhán de chuid William Carlos Williams nó ceann de liricí na Meán-

Ghaeilge: ní bhaintear fad as agus ní 'seanchas' é ach fianaise neamhleithscéalach:

Scloteach mná
lag le hocras
ar chlaí in Uíbh Ráthach
lena leanbh ar maidin

Um thráthnóna
Í ina traosta
feadh na láibe
agus an leanbh á cnáthairt

(Cinedhíothú 1847)

Cé gur bronnadh duaiseanna éagsúla Oireachtais ar Ó Siochrú, níl an t-aitheantas aige fós atá dlite dó. Tá cúpla fáth leis seo. Cé gur chuir Ó Siochrú aithne ar Mhícheál Ó hAirtnéide ag Féile Litríochta Lios Tuathail, agus cé go raibh an file Mícheál Ó Ciarmhaic mar chomradaí file aige i mBaile n'Sceilg, níor bhain sé riamh le haon ghrúpa nó gluaiseacht ar leith agus ba bheag ardán nadúrtha a bhí ar fáil dó mar fhile Gaeilge i gcathair Luimnigh. Cnuasach amháin a d'fhoilsigh Ó Siochrú sna hochtóidí *Gealach na gCoinlíní* (Coiscéim 1985) agus ceann amháin sna nochaidí *An Spás Á Ghlanadh* (Coiscéim 1991). Mar sin, is geall le flosc foilsitheoireachta an dá leabhar uaidh a foilsíodh le cúig bhliana anuas; *Rachlas* (Coiscéim 2015) agus *Scáil an Scéil* (Coiscéim 2019). Fágann sin, anuas ar alt Shane Grant in Irisleabhar Mhá Nuad, agus seoladh Scáil an Scéil ag Éigse na Brídeoige agus ag Comhdháil ar Mhícheál Ó hAirtnéide i gColáiste Mhuire gan Smál, gur féidir a rá go bhfuil athaird á tabhairt ar an bhfile le tamall. Níl aon leithscéal ann gan áit níos lárnaí a thabhairt do shaothar Uí Shiochrú i gcanóin na nualitríochta Gaeilge.

Sa mhír phearsanta a chuir Seán Ó Conaill ar fáil do Leabhar Sheáin Uí Chonaill, thug sé le fios go raibh deireadh lena ról féin: ('Tá deire agam héinig leis na sgéaltha anois') Ach ní raibh deireadh leis na scéalta féin ná a dtionchar. Thrácht Ó Conaill ar 'lucht léite agus cloistithe an leabhair' agus an gaol a bheadh acu siúd leis na scéalta. Mír eile i saol na scéalta úd leabhar seo Uí Shiochrú; inseoir eile is ea é atá tar éis dul go smior na scéalta agus an ghaois agus an áilleacht iontu a athroinnt trí mheán eile na filíochta. Tá taoide rabharta gan choinne ann agus tuilleann an lastas seo lucht léite (agus éisteachta) fairsing.

Foinsí:

Reidar Christiansen, Review of Leabhar Sheáin Í Chonaill, *Journal of American Folklore*, Vol. 63, No. 247 (Jan. - Mar., 1950), pp. 107-108, American Folklore Society

James H Delargy, *The Gaelic Storyteller, with some notes on Gaelic folktales*, 1945

Shane Grant, 'Mícheál Ó Siochrú, Buaine an Dúchais', *Irisleabhar Mhá Nuad*, 2019, lgh 64-86

Ríonach Uí Ógáin, Kelly Fitzgerald agus Liam Mac Mathúna, 'Séamus Ó Duilearga's *Leabhar Sheáin Í Chonaill* (1948), translated as Seán Ó Conaill's Book (1981)', *Journal of Folklore Research*, Vol. 54, No. 3 (September/December 2017), pp. 285-305

Séamus Ó Duilearga, eag. Seán Ó Conaill, *Leabhar Sheáin Í Chonaill*, Sgéalta agus Seanchas ó Íbh Ráthach, 1948

Ríonach Uí Ógáin, 'Seán Ó Conaill, Cill Rialaigh Storyteller', caint neamhfhoilsithe a tugadh ag an Daniel O'Connell Summer School, ar fáil ag **https://oconnellsummerschool.com/wp-content/uploads/2015/12/Sean-O-Connell-Folklorist.pdf**

Caitríona Ó Torna, *Cruthú na Gaeltachta*, 1893-1922, Cois Life, 2005

Beatha Sheáin Uí Chonaill ar ainm.ie, breithnithe 3/4/2020
https://www.ainm.ie/Bio.aspx?ID=499

DÚMHÁL

Liam Ó Flaithearta

Aistrithe ag Mícheál Ó Conghaile

Bhí Brunton ag fanacht sa mbeár mar a bhí socraithe. Gan deoraí eile ann. Bhí sé luath sa tráthnóna fós agus bhí an ghrian bhuí ag scaladh isteach trí na fuinneoga. Ní raibh clúdaithe ach an leath íochtarach de na fuinneoga chun fuaimeanna na sráide taobh amuigh a mhaolú. Ar uachtar na bhfuinneog bhí dallóga buí a bhí ligthe anuas leath bealaigh chun solas na gréine a dhalladh. Ach ainneoin sin, bhí sé an-te sa mbeár. Bhí boladh trom ann ón teas agus ón toit óil.

Ainneoin an bhrothaill, bhí Brunton ag caitheamh cóta trom Burberry a raibh na cnaipí dúnta ann, é fáiscthe suas air. Bhí sé sách salach agus shamhlófá go raibh sé á chaitheamh chun na seanéadaí a bhí air a chlúdú. Ní raibh le feiceáil ach a chaipín, bóna a léine is a charbhat, íochtar chosa a threabhsair agus a bhróga. Bhí siad ar fad sách sraoilleach ainneoin go raibh na bróga glanta go cáiréiseach aige agus snas curtha orthu. Fear leathan déanta a bhí ann agus shamhlófá go raibh a chóta lán le gaoth taobh istigh mar gheall ar an gcaoi a raibh a cholainn cruinn ag bolgadh amach faoi, fiú síos lena chnáimh droma san áit a mbeadh folús faoi bhall éada de ghnáth.

Shuigh sé go machnamhach, a lámha sáite síos ina phócaí. Bhí sé ag stánadh ar an ngloine fuisce a leag an freastalaí os a chomhair cúig nóiméad roimhe sin ach nár bhlais sé de go foill. Bhí a éadan cruinn balscóideach. Bhí screamhóga dearga ar a leicne agus idir na screamhóga bhí feitheacha caola dearga ag rith tríd an gcraiceann bhán séidte. Bhí malaí tiubha bána air. Bhí a shúile cruinn bog agus rian d'fhulaingt chiúin na mblianta iontu. Ní raibh aon dochar ina shúile. Ach dá mba i nduine eile a bheadh na súile sin, duine le toil dhifriúil seachas a thoil lag thostach féin, shamhlófá go bhféadfadh na súile céanna sin a bheith cruálach agus mailíseach. Shamholfá nach mbeadh aon deacracht acu a bheith ina bhfínnéithe glice ar ghníomhartha barbartha. Agus bhí a fhios acu go ndearnadh droch-ghníomhartha barbartha os a gcomhair amach. Bhí siad chomh truamhéalach, milleánach. Súile stánúla a bhí ag tréigean.

Gorm cruinn uisciúil, iad ar chúl fheoil bhog phlabarnach ata a chuid leicne. Bhí a shrón tiubh, feosaí ar nós rúta bleibíneach a d'fhásfadh i dtalamh clochach. Agus bhí a bhéal éadóchasach ag silt anuas is na liopaí tiubha corcra ag breathnú brónach.

Trí mhí roimhe sin caitheadh Brunton amach as an arm. Leifteanant a bhí ann ach ní raibh ann ach oifigeach ar mhaith le bheith ina oifigeach. Cur i gcéill, mar gheall ar an tseirbhís a thug sé roimhe sin do ghluaiseacht na réabhlóide a chuir an rialtas reatha isteach i gcumhacht. Ní raibh aon bhealach ann go bhfeilfeadh post dó mar cheannaire ar fhir ná ag déanamh na jaibíní seafóideacha eile a bheadh mar dhualgas ar oifigeach airm le linn síochána. I rith an chogaidh i gcoinne na Breataine agus i gCogadh na gCarad ba mhaith dóibh acu a sheirbhís. Gunnadóir dúr tostach a ghlac le horduithe. Ach ní raibh aon ghnó ag na daoine seo dó níos mó. Ina dhiaidh sin . . . d'éirigh rialtais agus polaiteoirí measúil cuma cén cúlra as a dtáinig siad nó cén modh oibre a d'úsáid siad le cumhacht a bhaint amach. Fuair siad réidh leis go ciúin. Fir óga smeairteáilte a theastaigh uathu. Bheadh Brunton iomarcach. Bhí an iomarca dúile sa mbuidéal aige ar aon nós. Bhí sé éirithe sotalach agus dímheasúil ar na húdaráis agus é fós faoi thionchar a shean-nósanna ainrialta gan smacht. Ní théadh sé ar pharáideanna. Ní léiríodh sé aon ómós d'údarás. Bhíodh sé ar meisce go minic agus, nuair a bhíodh, bhíodh sé ag maslú daoine. 'Na bastardaí siúd a bhí ag robáil na tíre anois.' Tír a chruthaigh sé féin is a leithéidí dóibh.

Chaith sé trí mhí ag dul timpeall Bhaile Átha Cliath ag ól an airgid a thug siad dó, é ag mionnú is ag móidiú dá chompánaigh, nach bhfaighidís réidh leis chomh héasca agus a cheap siad. Bhí an iomarca eolais aige faoi chuid acu. Ní choinneodh sé a bheal dúnta i bhfad eile mura gcuirfidís lámh ina bpóca. Mhill siad a shaol, ach anois bhí sé á chur féin ar ceant agus bíodh sé ag an té is géire scian. Ach ós rud é go raibh go leor eile dá leithéid ag guairdeall thart is ag taobhachtáil na dtithe óil le scéalta den chineál céanna, níor tugadh mórán airde air. Bhí Brunton i ndeireadh na preibe faoi seo ach bhí polaiteoir amháin ann a bhí fós faoina bhois aige.

Ag fiche nóiméid théis a trí shiúil Maitias Ó Cinnéide isteach sa mbeár. Is ar éigean go ndearna sé aon fhuaim ag teacht isteach dó, é ag brú an dorais luascaigh roimhe go réidh, ag stopadh soicind, a leathlámh ar a raibh láimhín i ngreim sa doras, é leath istigh is leath amuigh. D'fhéach sé timpeall an tseomra go réchúiseach agus chonaic Brunton. Tháinig roicne beaga ina bhaithis ach níor léirigh sé aon mhothúchán. Ní raibh iontas ná faitíos le feiceáil ina éadan. D'ísligh sé a chloigeann beagán ansin agus tháinig isteach. Dhún sé an doras.

Rinne Brunton casacht, chroith a cholainn sa gcathaoir ach níor labhair sé. Ghluais an Cinnéideach isteach sa seomra go mall is gan smid as.

Fear ard tanaí ba ea é. Bhí a éadan caol fada liathbhuí. Chúngaigh a bhlaosc go biorach ar a chúl. Ní raibh aon rud iontach ná suntasach faoina éadan. Níorbh fhéidir díriú ar aon ghné faoi leith, óir bhí gach gné di chomh leamh leadránach céanna. Fada agus folamh ag breathnú. Bhí sé liath níos mó ná bheith folamh mar gheall ar an solas bacach a tháinig óna shúile glasa is a scal ar a éadan. Rinne cruth a cholainne agus a chuid éadaigh imprisean níos géire fiú muna dea-imprisean a bhí ann. Bhí sé cosúil le eascann ag breathnú ar bhealach amháin ach ní raibh ar bhealach eile, óir gluaiseann an eascann níos tapúla, ní hionann is an Cinnéideach nach mbíodh deifir riamh air. Bhíodh a chuid gluaiseachtaí ar fad mall agus tomhaiste, gan aon fhuaim amhail is dá mbeadh gréis curtha ar a chuid ailt. Bhí a lámha thar a bheith fada agus bhíodh sé i gcónaí ag cangailt a chuid ingne amhail is dá mbeadh sé ag iarraidh aird a dhíriú ar fhad a mhéaracha nó b'fhéidir gurbh amhlaidh gur náire a bhí air faoina bhfad agus nach raibh sé in ann stopadh á bpiocadh. Bhí a chuid éadaigh freisin i dtiúin le dath a éadain, iad donn le spotaí liatha iontu. Ní thabharfá aon suntas dá ghuaillí agus bhíodh a lámha ina phócaí i gcónaí aige chun tacú lena bhfad agus bhíodh sé á chasadh féin chun tosaigh ar bhealach aisteach gan aon chabhair shuntasach óna lámha ná óna ghuaillí ach é á thiomáint féin le gluaiseachta casta a chorróg.

Bhí an Cinnéideach ceathracha cúig bliain d'aois faoi seo. Bhí a ionad aimsithe sa saol aige le gairid ach ba chuimhin le gach duine an t-am nuair ba 'fear Domhnaigh' a bhí ann, cineál áirithe fir nach bhfuil móran eolais faoina leithéid taobh amuigh de Bhaile Átha Cliath. Fear nach n-íocann a fhiacha riamh agus a théann thar lear ar na Domhnaigh amháin nuair nach féidir barántas a sheirbheáil. Sna laethanta úd bhí oifig aige thíos ar na céibheanna, oifig dlíodóra lena ainm ar phláta práis i halla dorcha. Bhíodh sé thuas i seomra beag, ar an tríú hurlár mar a raibh deasc rollach agus cathaoir. Is beag gnó a dhéantaí ann chomh fada agus ba léir don tsaol. Pé brí, cén chaoi ar éirigh leis sleamhnú isteach i measc aos measúil agus lucht ceannais, níorbh fhios d'éinne ach le linn corraíl shóisialta is iad an dream seo is ábalta de réir a nádúir chun iad féin a bhrú chun cinn is a bheith mar threoraithe do dhaoine níos fearr ná iad. Bláthaíonn a leithéid ar feadh tamaillín agus ansin imíonn i léig gan aon rian a fhágáil ina ndiaidh. Ní sheasann siad dá gcine ná don am ina maireann. Gan iontu ach iad mar a bheadh leid ann nó sampla den ghléas graosta a úsáideann an daonnacht arís agus arís eile lena stiúrú is a bhrú chun cinn.

Ghluais an Cinnéideach tríd an seomra go dtí an poll beag cearnógach sa mballa mar a mbíodh an freastalaí ag síneadh amach deochanna. Choinnigh sé a shúil ar Bhrunton ar a bhealach agus d'fhéach siar thar a chúl air. D'fhéach an bheirt acu ar nós cuma liom ar a chéile, an bheirt ag ceilt a gcuid smaointe taobh thiar d'aghaidh fidil a n-éadain ionas nach léireodh aon mhothúchán ná nach dtabharfadh aon bhuntáiste don cheann eile sa streachailt a leanfadh. Bhuail an Cinnéideach an cloigín, é fós ag breathnú ar Bhrunton.

Tarraingíodh siar an chomhla adhmaid láithreach agus leag duine éigin a lámh ar an tairseach.

'*Scotch*,' a dúirt an Cinnéideach.
'*Scotch*, a Uasail Uí Chinnéide,' a dúirt an freastalaí

Bhí sos ann gur fhill an freastalaí leis an deoch inar lean an bheirt fhear ag stánadh ar a chéile. Thóg an Cinnéideach a dheoch, d'íoc as agus dúnadh an chomhla. Shiúil sé leis síos an t-urlár chuig an mbord mar a raibh Brunton ina shuí, é fós ag stánadh go fuar air faoina fhabhraí.

'Ní gá duit súil a choinneáil ormsa, a Mheait,' arsa Brunton go tobann. 'Nílim chun tú a chaitheamh. Ní duine mar sin mé agus tá mo ghunna díolta agam ar aon nós. Dá mbeinn ag iarraidh thú a chniogadh, ní anseo a dhéanfainn é. Ní gá duit a bheith ag stánadh mar sin orm.'
Bhí guth Bhrunton bog. Sciorr na focail dá theanga gan aon stró agus is ar éigean a chorraigh a liopaí. Shílfeá nach raibh aon spéis aige ina raibh á rá aige ionas go gceapfá go stopfadh sé ag caint nóiméad ar bith – théis an dara focal nó i lár abairte. Ní raibh mothúchán dá laghad ina ghuth amhail is nach mbeadh ann ach teachtaire a bheadh ag tabhairt teachtaireacht nár bhain leis féin beag ná mór.
Shuigh an Cinnéideach síos, theann a liopaí lena chéile agus chuimil an dá mhéar tosaigh dá láimh dheas trasna a éadain óna leiceann go dtína ghiall, é fós ag breathnú ar Bhrunton go fuarchúiseach. Nuair a bhí sé críochnaithe ag cuimilt a éadain, rinne sé smúrthach trí huaire trína phollairí agus chuir guaillí air féin. Rinne sé gáire beag tirim agus d'ardaigh an ghloine fuisce i dtreo a bhéil.
'Sláinte, a Mhick,' a dúirt sé go searbhasach. Bhí Brunton á fhaireadh is é ag ól. D'ól sé súmóigín agus choinnigh an bolgam tamaillín ina bhéal sul má shlog sé é, é ag dúil isteach a leicne san am céanna. Thóg sé amach cása toitíní as a phóca ansin, thóg toitín as, las é agus chaith uaidh an cipín, é fós ag breathnú idir an dá shúil ar Bhrunton. Shéid sé amach puth deataí, leag a smig anuas ar a dhoirn dúnta.
'Bhuel,' a dúirt sé faoi dheireadh agus é ag srónaíl. 'Fuair mé do theachtaireacht. Cén gnó tábhachtach atá le plé againn?'
'Is maith atá a fhios agat,' arsa Brunton.
'Ní mise Dia,' a dúirt an Cinnéideach. 'Cén chaoi a mbeadh a fhios agamsa muna n-insí tú dom é?'

'Óra, ní thú Dia,' a dúirt Brunton go tobann, fíochmhar. Chuir sé strainc air féin agus sciob a ghloine fuisce, á folmhú. Lig amach chun tosaigh é féin agus cuma fhaiteach ar a éadan.

'Ní tú Dia,' a dúirt sé, 'ach tá mé ag ceapadh gur tú an diabhal.'

'Faraor nach mé,' arsa an Cinnéideach ag cangailt a chuid ingne.

'Bhuel, inseoidh mé duit céard atá uaim,' arsa Brunton. 'Airgead. Airgead atá uaim.'

'Ó! Airgead! Airgead atá ó chuile dhuine na laethanta seo,' arsa an Cinnéideach agus lig osna. 'Bíonn ar fhormhór na ndaoine oibriú ar a shon.'

'Éirigh as do chuid magaidh anois,' arsa Brunton. 'Táim ag iarraidh chúig chéad punt, a Mheait, nó sin táim ag dul chuig an Aire Dlí is Cirt leis seo.'

Thóg sé clúdach mór litreach amach as a phóca brollaigh, tapáil ar an mbord é agus chuir ar ais ina phóca arís é.

'Céard é sin?' a shnap an Cinnéideach.

'Rud a chrochfas tú!' arsa Brunton go fíochmhar. 'Cuntas ar jab a rinne mé duitse.'

'Cén jab é sin?' a d'fhreagair an Cinnéideach de chogar, é ag féachaint i dtreo an chomhla a bhí sa mballa le linn dó labhairt. Níor fhreagair Brunton ar feadh cúpla nóiméad. Stán siad beirt ar a chéile. Dá ainneoin féin, bhí dath liath an bháis théis teacht ar aghaidh an Chinnéidigh ach níor chúb a shúile ó stánadh Bhrunton.

'Ha!' arsa Brunton. 'Tá sé le léamh ar d'éadan bréagach go gcuimhníonn tú go maith air. Tá an fear sin marbh agus tá mallacht Dé ortsa dá bharr. Bhreathnaigh anseo, a Mheait.'

Tháinig sceitimíní go tobann ar Bhrunton. Bhí a shúile méadaithe agus scáfar ag breathnú. 'An t-aon jab salach a rinne mé riamh,' a dúirt sé i gcogar. 'Tusa a chuir faoi deara dom é a dhéanamh. An dtuigeann tú? Aon rud eile a rinne mé ba ar son mo thíre é. Níl mé in aiféala agus níl brón orm faoi. Ach tá mé in ann an fear sin a fheiceáil fós. É sínte siar fúm ar an talamh. Thug mé ceann sa gcloigeann dó le…'

'Dún do chlab mór!' a shnap an Cinnéideach ag breith go tobann ar rosta Bhrunton.

'Lig liom,' arsa Brunton, é ag labhairt go teann.

Lig an Cinnéideach lena rosta agus scaoil siar é féin sa gcathaoir. Scaoil Brunton siar é féin freisin. Shuaimhnigh colainn na beirte beagán ar nós beirt fhear a mbainfí geit astu agus a bheadh ag teacht chucu féin arís. D'fhéach siad timpeall an tseomra agus bhí cúpla nóiméad ann sul má d'fhéach siad ar a chéile arís. Nuair a chas a súile ar a chéile bhí faitíos orthu amhail is dá mba taibhse a bheadh feicthe acu. Ach chomh tobann céanna beagnach is a chas a súile ar a chéile, olc is ní faitíos a bhí in éadan na beirte.

'Tá tú do mo dhúmhál anois,' arsa an Cinnéideach.

'Is cuma liomsa sa diabhal,' arsa Brunton. 'Táim i ndeireadh na feide. Ní fiú cac an diabhail mé is tá mo shaol scriosta. Is cuma liomsa sa mí-ádh céard a dhéanaim. Tá a fhios agam gurb í an chroch atá i ndán dom má thugaim mo ráiteas. Ach is í an chroch chéanna a bheas romhatsa freisin, a bhastaird.'

'Céard faoi do mhionn?' arsa an Cinnéideach i gcogar.

'Mo mhallacht uirthi mar mhionn!' arsa Brunton. 'Céard faoi do mhionnsa? Gheall tusa go bhfaighfeá post dom a mbeadh pinsean as ach shuigh tú ar do thóin.'

'Rinne mé mo mhíle dhícheall,' arsa an Cinnéideach.

'Bhuel, d'fhéadfá níos mó a dhéanamh,' arsa Brunton de gháire slóchtach. 'Táim ag iarraidh airgid nó beidh port eile agat. Fainic anois, nílim ag dul ag cur níos mó ama amú ag caint leatsa. Táim ag iarraidh chúig chéad punt anois díreach. Sín chugam an t-airgead.'

'Agus cuirim i gcás nach dtugaim aon phingin duit?' arsa an Cinnéideach i gcogar.

'Tá an fhianaise anseo,' a chogar Brunton ag tapáil a bhrollaigh.

'Gabh i dtigh an diabhail!' Bhí an Cinnéideach ag siosarnach is a liopaí ar crith.

Phreab Brunton agus chuir a láimh chuig a phóca brollaigh de gheit. Shac an Cinnéideach a láimh i dtreo a phóca brollaigh féin ach tharraing Brunton siar a láimh sul má shroich sí a phóca. 'Chríost!' ar sé. Ní raibh a ghunna ansin dar ndóigh. Shuaimhnigh an bheirt arís. Rinne Brunton gáire tirim.

'Hech!' a dúirt sé, é ar tí éirí ar a chosa. Bhí bosa a lámha leagtha ar an mbord aige, a mheáchan ligthe anuas aige orthu agus é leath ina sheasamh. D'fhéach sé ar an gCinnéideach le loinnir fhiosrach agus pléisiúr ina shúile.

'Cén mhaith a bheadh san airgead domsa ar aon nós? Hea? Céard a d'fhéadfainn a dhéanamh leis – ach é a ól? Cén mhaith domsa a bheith ag caitheamh mo shaol mar atá? Cá bhfuil mo chónaí, mo leaba – ach ar na sráideanna, sna pubanna agus sna tithe ragairne fad atá tusa in do shuí go bog ar do sháimhín só thuas sa Dáil? Siúr ní haon díoltas domsa glacadh le do chuid airgid. Cúpla puintín suarach nach gcuirfidh an oiread de pholl i do phóca agus a chuirfeadh cnagaire. Ara, ní airgead atá uaim feasta, ach díoltas a bhaint amach. Díoltas! Crochfar go hard tú, a mhic ó. Crochfar an bheirt againn le chéile, a Mheait, agus gabhfaidh an bheirt againn síos go hifreann le chéile mar ní airgead atá uaimse uait feasta, ach díoltas a bhaint amach. Díoltas!'

Sheas sé suas díreach agus a aghaidh lasta le solas dearg buile. Thosaigh an Cinnéideach ag croitheadh, é ag útamáil ina phóca brollaigh agus é ag dodaireacht.

'Suigh síos, a Mhick. Seo, seo, suigh síos, a Mhick, suigh síos. Éist liom nóiméad.'

'Ní shuífidh mé síos,' arsa Brunton. Fear díreach mise. Níl ionatsa ach cladhaire. Is fearr dom a bheith –'

'Seo, seo,' a scread an Cinnéideach ag oscailt seicleabhair ar an mbord. 'Éist. Suigh síos agus éist liom nóiméad.'

Stop Brunton nuair a chonaic sé an seicleabhar. Thréig an solas a éadan agus d'imigh an teannas as a liopaí, dreach santach ag teacht orthu. Shílfeá gur amhlaidh a bhí a éadan ar a dhícheall ag iarraidh an tsaint a cheilt. Ansin thit sé siar ina chathaoir, é ag stánadh ar an seicleabhar. D'fhair sé an Cinnéideach go grinn, é ag brú amach a liopa íochtarach. Ansin chaoch an Cinnéideach an tsúil dheas agus thóg peann as a phóca. Scríobh sé an seic go tapa, stróic amach as an leabhar é agus bhrúigh trasna an bhoird i dtreo Brunton. Shac Brunton amach a láimh agus sciob sé leis é.

'Sin céad,' arsa an Cinnéideach. 'Íocfaidh mé an chuid eile leat ina ghálaí míosa. Ní haon mhaith an t-iomlán a thabhairt duit le chéile. Anois tabhair dom an cháipéis sin atá i do phóca!'

'Cén fáth a dtabharfainn?' arsa Brunton.

Chuir an Cinnéideach guaillí air féin.

'Cuir i gcás go dtarlódh tada duit agus é sin ar iompar agat?'

'D'fhéach Brunton air go hamhrasach. 'Céard atá i gceist agat le dá dtarlódh tada dom,' a dúirt sé go bog.

'Ar ndóigh,' arsa an Cinnéideach ag ardú a chuid malaí, 'nach bhféadfá titim as do sheasamh i lár na sráide mar a d'fhéadfadh tarlú do dhuine ar bith, nó go n-éireodh timpiste duit nó …'

'Céard atá i gceist agat… Hea? Go n-éireodh timpiste dom?'

'Breathnaigh anois,' arsa an Cinnéideach agus olc ag teacht air, 'tabhair ar ais an seic sin dom. Nílim ag dul ag argóint leat. Má tá le bheith ina mhargadh bíodh ina mhargadh.'

Theann Brunton an seic isteach leis féin agus smaoinigh ar feadh nóiméid. Ansin d'fhéach sé ar an gCinnéideach go grinn arís is a bhéal teannta aige.

'Táim ag tabhairt foláirimh anois duit,' a bhagair sé, 'gan aon iarracht a dhéanamh aon cheann de na timpistí úd a threorú in mo bhealachsa. Tá cairde fós agamsa is má tharlaíonn tada domsa tarlóidh rud níos measa duitse! Ná déan dearmad ar an méid sin. Seo, bíodh an cháipéis agat. Tar éis an tsaoil … Ní brathadóir mise, ainneoin gur cladhaire tusa. Seo. Is go ndó siad tú. Dóite a bheas tú ar ball ar aon nós.' Chaith sé an clúdach litreach trasna an bhoird. Sciob an Cinnéideach é. Chuir Brunton an seic ina phóca. D'éirigh sé ar a chosa.

'Feileann seic sa mí mise ceart go leor,' a dúirt sé. 'Cén áit?'

'Anseo,' arsa an Cinnéideach i nguth íseal agus é ag cur an chlúdaigh ar leataobh.

'Bhuel, táimse ag imeacht,' arsa Brunton.

'Slán leat, má tá,' arsa an Cinnéideach.

Bhreathnaigh siad ar a chéile ar feadh cúpla nóiméad. D'imigh Brunton leis. D'ardaigh an Cinnéideach a ghloine agus bhí deoch eile aige. Agus é in aice an dorais, stop Brunton go tobann agus thug cúpla coiscéim lúfar ar ais. D'ardaigh sé a dhorn i dtreo an Chinnéidigh ag cromadh a chloigeann agus é ag cogarnaíl.

'Cuimhnigh ar a ndúirt mé leat faoi thimpistí ....'

Choinnigh an Cinnéideach an bolgam fuisce nóiméad ina bhéal sul má shlog é.

D'iompaigh Brunton ar a chois agus dheifrigh amach as an mbeár. Stán an Cinnéideach ar an doras trínar imigh sé as amharc. Ansin, scaoil sé amach chun tosaigh é féin is a smig leagtha anuas ar a dhoirn aige, é ag breathnú síos faoi ar an mbord. Théis dó suí ina staic mar sin ar feadh os cionn nóiméid, lig sé osna agus chuir sé guaillí air féin.

'Caithfear fáil réidh leis … ar bhealach éicint,' a dúirt sé leis féin.

Nóta ón aistritheoir

Is as cnuasach nua de ghearrscéalta Béarla Liam Uí Fhlaithearta aistrithe go Gaeilge agam a tógadh an scéal seo thuas. Beidh an cnuasach á fhoilsiú ag Cló Iar-Chonnachta níos déanaí i mbliana. Is mar údar an chnuasaigh gearrscéalta Dúil (1953) is fearr atá aithne ag pobal na Gaeilge ar an scríbhneoir Árannach Liam Ó Flaithearta (1896-1984). Go deimhin áirítear an cnuasach áirithe sin mar chlasaic agus mar cheann de na cnuasaigh gearrscéalta is fearr dár foilsíodh sa nGaeilge. Tá ceist ann, áfach, an i nGaeilge a scríobhadh na gearrscéalta in Dúil an chéad lá riamh. Tá tuairimí an-láidir ann gur aistriúcháin nó leaganacha a bhformhór a scríobhadh i dtosach i mBéarla. Ceann de na cúiseanna gur scríobh an Flaitheartach i mBéarla ná mar go raibh sé ag iarraidh slí bheatha a bhaint as gairm na scríbhneoireachta tráth a raibh sé sin thar a bheith deacair. Níos deireanaí ina shaol bheadh sé ina bhall d'Aos Dána ach bheadh sé sin rómhall dó leis an leas ab fhearr a bhaint as. Dá mbeadh tacaíocht níos fearr aige ina óige cá bhfios nach i nGaeilge a scríobhfadh sé féin na gearrscéalta seo nó go gcuirfeadh sé leaganacha Gaeilge ar fáil do chuid acu ar a laghad. Bhraith mé agus mé ag aistriú na ngearrscéalta seo go mbeadh sé an-nádúrtha iad a bheith i nGaeilge. Shamhlóinn go mbeidh an tuairim chéanna ag na léitheóirí. Braithim go líonfaidh siad bearnaí i litríocht na Gaeilge, gur scéalta Gaeilge a bhformhór mór ó cheart agus ó dhúchas, scéalta nár scríobhadh ina dteanga féin i dtosach. Sílim go luífidh siad go compórdach sa leaba chéanna i bhfochair gearrscéalta Uí Chonaire agus Uí Chadhain.

Nótaí Beathaisnéise na Scríbhneoirí

Ceaití Ní Bheildiúin

Is í *Agallamh sa Cheo – Cnoc Bhréanainn* (2019), an chnuasacht is déanaí ó pheann an fhile seo, leabhar a thug an svae leis i gcomórtas an Oireachtais 2018. Bronnadh sparánacht Ealáin na Gaeltachta uirthi i 2019 agus tá sí ag saothrú a cúigiú cnuasacht filíochta anois.

Colm Breathnach

File agus úrscéalaí é Colm go bhfuil naoi gcinn de chnuasaigh filíochta foilsithe aige chomh maith leis an úrscéal *Con Trick "An Bhalla Bháin"* (Cló Iar-Chonnacht, 2009). Bhuaigh sé an phríomhdhuais filíochta i gComórtais Liteartha an Oireachtais ceithre huaire agus, sa bhliain 1999, bhronn an Foras Cultúrtha Gael-Mheiriceánach 'Duais an Bhuitléirigh' air. Tá tréimhsí caite aige ina scríbhneoir cónaithe i Shanghai na Síne, sa tSlóivéin, ar Oileán Acla agus i gColáiste Phádraig, Droim Conrach. Tá dánta leis aistrithe go hocht gcinn de theangacha agus deineadh ceol a chur le dánta leis faoi Thionscadal na nAmhrán Ealaíne Gaeilge.

Paddy Bushe

Is file, aistritheoir agus eagarthóir é Paddy Bushe. Tá cónaí air in Uíbh Ráthach, Co. Chiarraí le beagnach leathchéad bliain. Is iad *Peripheral Vision* agus *Second Sight*, rogha as a thrí bhailiúchán filíochta Gaeilge maille le haistriúcháin aige féin (iad araon Dedalus Press, 2020) na leabhair is déanaí uaidh. Dhein sé leaganacha Béarla de shaothar le Gabriel Rosenstock (*Margadh na Míol*, Cló Iar-Chonnacht 2013) agus Cathal Ó Searcaigh (*Crann na Teanga*, Irish Pages 2018) agus leaganacha de shaothar le Somhairle MacGill-Eain (*Ó Choill go Barr Ghéaráin*, Coiscéim 2013). Is ball de Aosdána é.

Colm Ó Ceallacháin

Tá duaiseanna buaite ag Colm Ó Ceallacháin ag Oireachtas na Gaeilge as a chuid saothar próis, agus dámhachtainí bronnta ag an gComhairle Ealaíon air. D'fhoilsigh Cois Life a chéad chnuasach gearrscéalta , *I dtír mhilis na mbeo*, i 2017.

Dairena Ní Chinnéide

File sa dá theanga í Dairena Ní Chinnéide. I measc deich gcnuasach filíochta atá folsithe aici tá *Fé Gheasa : Spellbound'* Arlen House (2016), *Cloithear Aistear Anama*, Coiscéim (2013), *Labhraíonn Fungie / Fungie Speaks* Ponc Press (2016). Scríobhann sí leaganacha aistrithe do chuid dá cuid filíochta. 'Sé'n leabhar *'deleted'* le Salmon Poetry, a céad cnuasach as Béarla (2019). I measc na ngradam a bronnadh uirthe tá Patrick and Katherine Kavanagh Fellowship, Dámhachtana Litríochta Gaeilge ón gComhairle Ealaíon agus Ealaín na Gaeltachta. Ba mhinic í ar stáitse ag léamh a cuid filíochta ag imeachtaí litríochta agus féilte in Éirinn agus thar lear.

Caitríona Ní Chléirchín

D'fhás Caitríona Ní Chléirchín aníos i nGort na Móna, Scairbh na gCaorach, Co. Mhuineacháin. Tá trí leabhar filíochta foilsithe aici. Bhuaigh a céad chnuasach *Crithloinnir* duais an Oireachtais don scríbhneoir úr i 2010 agus bhuaigh a dara cnuasach *An Bhrídeach Sí* (2014) duais Michael Hartnett i 2015. Dar le moltóirí an ghradaim sin tá a cuid filíochta: 'powerful, courageous, sassy and important...Her mastery of Irish and sense of being at home in tradition and modernity is evident in poems set in the 17th century, poems framed by Gaelic mythology... The poems are full of passion.' D'fhoilisigh The Gallery Press cnuasach nua léi *The Talk of the Town* le haistriúcháin ó Peter Fallon le déanaí. Is critic í chomh maith agus léachtóir Gaeilge í in DCU.

Marcus Mac Conghail

Chreid sé sa líne fhada filíochta tráth ach tá sé go mór in amhras anois faoin abairt mar mhodh iompair smaointe. Bhíodh sé ag blagáil. Bhí aiste fuaime aige mar chuid den phodchraoladh, Ar Leac Mo Dhorais, sraith a rianaigh an áitiúil in aois seo na cóivide. Coiscéim a d'fhoilsigh a chnuasach *Ceol Baile* is ghnóthaigh sé Gradam Filíochta Michael Hartnett.

Micheál Ó Conghaile

As Inis Treabhair i gConamara ó dhúchas do Mhicheál Ó Conghaile ach tá sé ina chónaí in Indreabhán ó 1990. Bhunaigh sé Cló Iar-Chonnachta, comhlacht foilsitheoireachta litríochta agus ceoil [www.cic.ie], sa bhliain 1985. Tá sé aitheanta mar dhuine de phríomhscríbhneoirí próis na Gaeilge le blianta fada agus go leor duaiseanna bronnta air dá réir. Tá gearrscéalta, úrscéalta, drámaí, agus filíocht scríofa aige chomh maith le leabhar staire agus cnuasaigh amhrán curtha in eagar. Tá gearrscéalta le Micheál aistrithe go teangacha éagsúla – Albáinis, Rómáinis, Cróitis, Ioruais, Pólainnis, Gearmáinis, Arabais agus Béarla ina measc. Tá go leor aistriúchán déanta aige ina measc drámaí Martin McDonagh agus an leabhar is deireannaí uaidh, *Rogha Scéalta*, ollchnuasach ina bhfuil breis agus tríocha scéal le Liam Ó Flaithearta aistrithe ón mBearla. Tá sé ina bhall d'Aos Dána ón mblian 1998.

Philip Cummings

Rugadh i mBéal Feirste in 1964, é ina chónaí anois gar don Mhuine Ghlas, Contae Aontroma. Bhuaigh *Néalta* (Coiscéim), a chéad chnuasach filíochta, duais na Gaeilge Glen Dimplex 2006 agus bhí sé ar an ghearrliosta don Rupert and Eithne Strong Award 2006. Bhí an dara cnuasach leis, *An Fear sa Ghealach* (Coiscéim), ar an ghearrliosta do Ghradam Filíochta Mhichíl Uí Airtnéide 2012. Foilsíodh an tríú cnuasach, *ad delectationem stultorum* (Coiscéim) in 2012. Tá duaiseanna Oireachtais bainte aige don léirmheastóireacht ar an fhilíocht agus do dhráma raidió, agus bhuaigh dán leis Corn Uí Néill 2013. Bhí sé ina eagarthóir ealaíon le Lá Nua ó 2003 go dtí 2008, áit ar scríobh sé colún greannmhar aorach. Foilsíodh díolaim de na colúin in *Dar Liom* (Coiscéim, 2008).

Nuala Ní Dhomhnaill

Cé gur i Lancashire Shasana a rugadh Nuala Ní Dhomhnaill, tógadh í le Gaelainn is le Béarla i gCo Thiobraid Árann, agus chaith sí cuid mhaith ama le linn a hóige i nGaeltacht Chorca Dhuibhne. Bhí sí bainteach leis an iris *Innti* nuair a bhí sí ina mac léinn i gColáiste Ollscoile Chorcaí. Ó 1981 i leith, ceithre chnuasach aonteangacha Gaelainne agus ceithre chnuasach le haistriúcháin go Béarla ata foilsithe aici. Tá liosta fada duaiseanna bronnta uirthi, ina measc Duais Lawrence O'Shaughnessy don bhfilíocht, Duais Liteartha an American Ireland Fund Literary Award, agus Duais Sheáin Uí Ríordáin, a bronnadh uirthi faoi cheathair. Bronnadh Duais Idirnáisiúnta Litríochta Zbigniew Herbert 2018 uirthi.

Ciara Ní É

Scríbhneoir Cónaithe DCU 2020 í Ciara Ní É. In 2019 ceapadh í ina hambasadóir le hÁras Scríbhneoirí na hÉireann. Ise a bhunaigh REIC, a mbíonn filíocht ó bhéal, rap, ceol, scéalta, agus eile le cloisteáil ann. Tá a cuid filíochta léite aici i Nua-Eabhrac, i Londain, sa Bhruiséil, sa tSualainn, agus in Éirinn. Foilsíodh saothar dá cuid agus aistí liteartha léi in irisí éagsúla, *Icarus* agus *Comhar* ina measc. Tá a céad chnuasach filíochta idir lámha aici faoi láthair. I measc a cuid coimisiún áirítear RTÉ TV, BBC Radio, TG4, agus Áras Scríbhneoirí na hÉireann.

Máirín Nic Eoin

Is scoláire litríochta í Máirín Nic Eoin agus is í údar na leabhar critice, *An Litríocht Réigiúnach* (1982), *Eoghan Ó Tuairisc: Beatha agus Saothar* (1988), *B'Ait Leo Bean: Gnéithe den Idé-eolaíocht Inscne i dTraidisiún Liteartha na Gaeilge* (1998) agus *Trén bhFearann Breac: An Díláithriú Cultúir agus Nualitríocht na Gaeilge* (2005). Bhí sí ina heagarthóir nó ina comheagarthóir ar fhoilseacháin éagsúla, ina measc an saothar dhá imleabhar, *Litríocht na Gaeilge ar fud an Domhain* I agus II (2015). Tá caibidlí agus aistí léi ar ghnéithe éagsúla de nualitríocht na Gaeilge foilsithe in iliomad leabhar agus irisí léannta.

Áine Uí Fhoghlú

Is as Gaeltacht Phortláirge í Áine Uí Fhoghlú. Seo iad a cuid saothar foilsithe. Filíocht: *Aistear Aonair* (1999); *An Liú sa Chuan* (2007); *Ar an Imeall* (2011). Ficsean (daoine fásta): *Crúba na Cinniúna* (2009); *Uisce faoi Thalamh* (2011); *Éalú* (2013). Ficsean (déagóirí): *Pincí sa Ghaeltacht* (2012); *Labhairamach.com* (2017). Neamhfhicsean: *Scéalta agus Seanchas – Potatoes, Children & Seaweed* (2019). Tá duaiseanna, coimisiúin agus sparánachtaí buaite aici, ina measc Duais na Gaeilge i gComórtas Bhéal Átha na mBuillí 2001, Duais Filíochta Mhícheál Ó hAirtnéide 2008, duaiseanna Liteartha an Oireachtais, Seachtain na Scríbhneoirí Lios Tuathail agus go leor eile. Tá sí ar phainéal 'Scríbhneoirí sna Scoileanna' le hÉigse Éireann agus tá a cuid saothair ar Churaclam an Teastais Shóisearaigh

Róisín Ní Ghairbhí

Léachtóir í Róisín Ní Ghairbhí i Roinn na Gaeilge, Coláiste Mhuire gan Smál, Luimneach. Tá foilseacháin ilghnéitheacha eisithe aici ar ghnéithe éagsúla de litríocht agus de chultúr na Gaeilge. Tá ceangal teaghlaigh aici le hUíbh Ráthach.

Ailbhe Ní Ghearbhuigh

File Gaeilge í Ailbhe Ní Ghearbhuigh a bhuaigh Duais Michael Hartnett in 2019 agus Duais Laurence O'Shaughnessy in 2020. *The Coast Road* (Gallery Press, 2016) an cnuasach is déanaí uaithi.

Áine Ní Ghlinn

File, scríbhneoir do pháistí agus léachtóir páirtaimseartha í Áine Ní Ghlinn. Í ina Laureate na nÓg don tréimhse 2020 – 2022. Tá 31 leabhar foilsithe aici idir fhilíocht (5 chnuasach do dhaoine fásta & 2 chnuasach do dhaoine óga) agus úrscéalta do dhaoine óga. Bronnadh Patrick Kavanagh Fellowship uirthi i 2019. I measc na nduaiseanna atá buaite aici tá Duais Fhoras na Gaeilge, Seachtain na Scríbhneoirí, Lios Tuathail 2019 & 2020, Duais de hÍde, Féile Bhéal na mBuillí 2019 & 2020, Gradam Reics Carló Leabhar na Bliana faoi thrí (do na leabhair *Daideo*, *Hata Zú Mhamó* & *Boscadán*).

Rody Gorman

Rugadh Rody Gorman i mBaile Átha Cliath in 1960 agus tá cónaí air anois ar an Oileán Sciathánach in Albain.

Biddy Jenkinson

Ní raibh sí riamh go maith chun sumaí. 'Bí ag scríobh,' arsa an tSr Baiste léi nuair ba léir nach n-éireodh léi an *Pons Asinorum* a thrasnú. 'N'fheadar cad eile a dhéanfá, mura gceannódh do mháthair feadóg stáin duit.' Thosaigh sí ag scríobh agus tá sí ag scríobh ó shoin. Coiscéim a fhoilsíonn a saothar. An leabhar is mó díol dá cuid *An tAthair Pádraig Ó Duinnín, bleachtaire.*

Réaltán Ní Leannáin

Foilseoidh http://www.eabhloid.com/ 'Cnámha' mar chuid de chnuasach gearrscéalta le Réaltán Ní Leannáin i mbliana (2020), cnuasach darb ainm *Inní*. Tá iomrá ar an chéad chnuasach leis an údar seo cheana, *Dílis* (Cló Iar-Chonnacht, 2015), agus ar a húrscéal conspóideach, *Cití na gCártaí* (Cois Life, 2019). Bhí Réaltán Ní Leannáin ina Scríbhneoir Cónaithe le hOllscoil Chathair Átha Cliath don bhliain 2019. Tá eolas mar gheall ar fhoilseácháin eile dá cuid le fáil ar a blag, https://turasailse.blogspot.com/

Áine Moynihan

Foilsíodh cnuasach léi *Canals of Memory* ag Doghouse i 2008 le cabhair ón scéim 'Title by Title' ag an gComhairle Ealaíon. Foilsíodh dánta léi i scata iris is duanairí, ina measc: *Poetry Ireland Review, Comhar, Cyphers, Cúm: New Writing from Kerry*, (ed. Moya Cannon), *Veils, Halos and Shackles* (International Poetry on the Oppression and Empowerment of Women ed. by Charles Ades Fishman and Smita Sahay) agus *Two Tongues, Dánta Nua ó Chorca Dhuibhne* (Ponc Preas). Cónaíonn sí i nDún Chaoin in Iarthar Dhuibhneach.

Louis de Paor

Tá hocht gcinn de chnuasaigh filíochta foilsithe ag Louis de Paor. Ina measc san, tá *30 Dán* (1992), *Seo. Siúd. Agus Uile* (1996), *Rogha Dánta* (2012) agus *Grá Fiar* (2016). Tá aistriúcháin Bhéarla le Kevin Anderson, Biddy Jenkinson agus Mary O'Donoghue taobh leis na bundánta Gaeilge aige in *Ag Greadadh Bas sa Reilig/Clapping in the Cemetery* (2005) agus *rud eile de/and another thing* (2010), agus *The Brindled Cat and the Nightingale's Tongue* (2014). Bronnadh an phríomhdhuais don bhfilíocht ar an gcnuasach is déanaí dá chuid, *Obair Bhaile*, ag Oireachtas 2019.

Gabriel Rosenstock

File, fear tanka agus haiku, úrscéalaí, drámadóir, scríbhneoir don aos óg, blagadóir, gearrscéalaí agus aistritheoir é Gabriel Rosenstock. I measc na leabhar is déanaí uaidh tá *Glengower: Poems for No One in Irish and English* (The Onslaught Press), *Gita Ashtávakra* (Evertype), *An Eala Órga* (An Gúm) agus *Walk with Gandhi: Bóthar na Saoirse* (Gandhi 150 Ireland).

Mícheál Ó Ruairc

Is as Bréanainn sa Leitriúch i gContae Chiarraí do Mhícheál ó dhúchas ach tá cónaí air i mBaile Átha Cliath ó 1980. Tá cúig chnuasach filíochta Gaeilge foilsithe agus ceann amháin as Béarla. Tá roinnt mhaith duaiseanna buaite aige as a chuid filíochta agus foilsíodh dánta dá chuid i ndíolaimí éagsúla. Bhuaigh an bailiúchán dhátheangach, *Dambatheanga:Damlanguage* (Arlen House, 2014) an chéad duais i gComórtais Liteartha an Oireachtais 2014. D'fhoilsigh Leabhair COMHAR scéinséir nua dar teideal *Fianaise*

Bhreise in 2019. Bhuaigh sé Duais de hÍde ag Féile Filíochta Bhéal na mBuillí i 2018. D'fhoilsigh Arlen House a chnuasach nua filíochta *Treaspásóir: Trespasser* ar na mallaibh.

Cathal Ó Searcaigh

Rugadh agus tógadh Cathal Ó Searcaigh ar fheirm sléibhe i Mín an Leá, Gort an Choirce i nGaeltacht Thír Chonaill. Tá 17 cnuasach filíochta, 3 dhráma agus ceithre saothar próis foilsithe aige as Gaeilge, chomh maith le ceithre leabhar as Béarla. Is duine de mórfhilí comhaimseartha na Gaeilge agus ball d'Aos Dána é. Maireann sé fós ar a thalamh dúchais.

Alan Titley

Úrscéalta, gearrscéalta, fabhalscéalta, filíocht, drámaí, scrioptanna teilifíse scríte aige. Scoláireacht liteartha ar an nGaeilge agus ar an nGaidhlig chomh maith. Colún seachtainiúil ar an Irish Times ar chúrsaí reatha agus cultúir. Foilseofar an t-úrscéal *Lúba* leis go luath, saothar a bhain Buaic-shaothar próis na bliana ag an Oireachtas 2018. Ollamh emeritus le Nua-Ghaeilge UCC.

Peadar Ó hUallaigh

Rugadh agus tógadh Peadar Ó hUallaigh i gCluain Meala. Thiar ar chósta Chorca Dhuibhne atá sé curtha faoi le breis agus triocha bliain anuas. I measc na bhfoilseachán dá chuid tá *Tír Tairngire* agus *Soilse an Chroí*.

Tá Jidi Majia aitheanta mar dhuine de mhórfhilí a ghlúine sa tSín. Is file dúchasach de chuid an chine *Nuosu* ó cheantar sléibhtiúil iar-dheisceart na Síne é. Tá níos mó ná fiche cnuasach filíochta foilsithe aige, agus mórchuid duaiseanna buaite aige dá chuid saothair liteartha.

Seasann guth Jidi Majia, lena neart agus samhlaíocht dhian, mar ghuth ionadaíoch d'éagsúlacht phobail eitneacha na Síne. Aistrithe go Gaeilge ag Simon Ó Faoláin, tarraingíonn a dhánta go láidir ar mhiotais, traidisiúin agus creideamh seamanach na *Nuosu*, chomh maith le dúlra naofa a gceantair dúchais. Tríd an bhfilíocht seo léirítear cultúr atá fréamhaithe go daingean i bhforaoiseacha, sléibhte agus ainmhithe an cheantair sin, is a aithníonn tionchar spioraid na sinsear a d'imigh roimhe mar ghné bhuan den saol laethúil. Ach anuas ar an méid sin, óna bhunús láidir áitiúil léiríonn an file seo dearcadh coinsiasach domhanda a dhíríonn ar chás na bpobal eitneach mionlach atá á mbascadh is á gcreimeadh faoi ualach na mórchultúr ar fud na cruinne.

Elegies in English for Liam Ó Muirthile
available from select book shops, Amazon and www.munsterlit.ie

€6

Liam Ó Muirthile and Greg Delanty were close friends, and brothers in the art for many years. Both were born in the south side of Cork City, both went to Coláiste Críost Rí primary and secondary schools, both went to UCC and both wrote poetry. Liam wrote his poems in Irish, Delanty his in English. Each were influenced by the Irish tradition, the English tradition, the American tradition and the European tradition variously in their different ways. Both were driven to articulate the sensibility of the south-west of Ireland while also establishing themselves as poets of the general world. These elegies reflect these various sides, preoccupations and not least their friendship. (24 pages).

Notaí

Notaí

Notaí

Notaí

Notaí

Notaí

Printed in Poland
by Amazon Fulfillment
Poland Sp. z o.o., Wrocław